SOUVENIRS

ET

IMPRESSIONS DE VOYAGE

PAR

GAETANO MONROY.

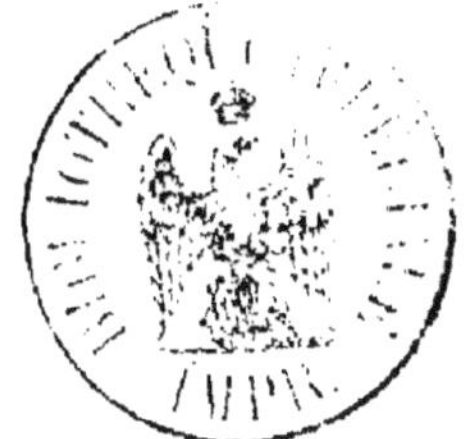

PARIS

CHEZ LES PRINCIPAUX LIBRAIRES.

1857

HOMMAGE

De Respect et de Reconnaissance

AU

PRINCE S. GIUSEPPE ET DE BELMONTE.

DÉDICACE.

Mon Père bien-aimé,

Dans ta constante sollicitude pour tout ce qui concerne notre éducation et notre avenir, tu te décidas, l'année dernière, au mois de juin, à nous faire visiter, à Albert et à moi, les principales villes de l'Europe, sous la direction de M. Alfred Cumberworth, notre professeur de français à Malte.

Pendant tout le cours de mon voyage, j'ai pris une foule de notes que, depuis mon retour, je me suis empressé de rédiger aussi brièvement que possible, dans l'intention secrète de t'en faire hommage. Albert, mon frère bien-aimé, de son côté, devait s'occuper de la rédaction de ses notes, mais il ne put s'acquitter de cette douce tâche, à cause de la cruelle maladie qui nous l'a ravi pour toujours, en nous plongeant dans la plus vive douleur. Mon bon Père, au milieu du chagrin qui oppresse ton cœur paternel et l'oppressera bien long-temps encore, j'ai cru qu'il serait peut-être possible de distraire un instant tes tristes pensées, en t'offrant aujourd'hui, comme une faible marque de mon amour et de ma reconnaissance pour toi.

ce modeste résumé de mes impressions et de mes souvenirs de voyage à travers des pays que tu as su toi-même si bien apprécier, et que j'ai parcourus avec notre cher Albert qui vivra toujours dans notre mémoire.

J'espère que tu accueilleras avec satisfaction, Père chéri, ce premier essai de ma plume novice, et si ce peu de lignes avaient la puissance d'apporter quelque consolation à ton cœur affligé, ce serait pour moi la plus douce des récompenses.

Gaetano MONROY.

Malte, 16 Juin 1856.

SOUVENIRS

ET

IMPRESSIONS DE VOYAGE.

MESSINE.

Nous partîmes de Malte le 21 juin 1855, à bord du vapeur français *le Vatican*, et le 22, de fort bonne heure, nous apercevions déjà la célèbre Messine, où nous débarquâmes à huit heures et demie du matin, après une agréable traversée de dix-huit heures.

La population de cette ville est d'environ 80,000 habitants, et elle serait encore plus considérable si elle n'avait pas été ravagée par bien des désastres, au nombre desquels figurent la peste de 1743, le tremblement de terre de 1783 et le choléra de 1854. Cette ville offre un aspect magnifique, et semble être endormie sur la grève de Sicile. Sa situation est naturellement très-belle, environnée qu'elle est d'une multitude de collines, couvertes d'une luxuriante végétation, de charmantes maisons de campagne et de riants jardins disposés comme les gradins d'un théâtre, derrière lesquels on découvre le majestueux mont Etna, lequel, dans son imposante élévation, semble menacer sans cesse de ses fureurs destructrices l'admirable nature qui l'entoure.

Le détroit, qui porte le nom de la ville, offre un aspect des plus pittoresques. La vue de la belle Calabre, de la mer, le flux et le reflux, le port, d'environ trois milles de circuit, presque toujours rempli de navires, ajoutent encore a l'attrait de ce spectacle enchanteur. Cette ville si renommée a été l'entrepôt du commerce du Levant, avant la découverte du Cap de Bonne-Espérance. Son commerce est le plus actif de la Sicile. Une vaste citadelle, plusieurs forts et quelques batteries à fleur d'eau, en défendent l'accès de toutes parts. L'entrée du port est toujours redoutable aux navigateurs Mais du côté de la mer deux gardiens vigilants, *Carybde* et *Scylla*, la protègent plus sûrement encore : l'un, situé à douze milles sud-est du port, sur la côte de la Calabre, l'autre, sur celle de la Sicile, à l'extrémité d'une langue de terre. Pendant le peu de temps que nous y sommes restés, nous visitâmes la cathédrale, ornée intérieurement de vingt-six magnifiques colonnes de granit. Les bas-reliefs, les peintures, les mosaïques, offrent un mélange bizarre de la noblesse du style antique, avec l'élégante légèreté du moyen-âge et le faste de l'école moderne.

L'église de l'*Annunziata*, que nous visitâmes ensuite, est un des chefs-d'œuvre du siècle dernier. Elle projette sur une place de peu d'étendue sa façade bizarre dont on a exclu toute ligne droite horizontale. Les chapiteaux de la façade peuvent passer pour des chefs-d'œuvre d'ornementation. L'intérieur, d'un beau style pour l'époque où l'église fut construite, renferme de belles colonnes antiques, et des peintures remarquables de G. Paladino. Les principales rues de Messine, longues, régulières, bien alignées, proprement pavées de larges dalles, ressemblent en ce dernier point à celles de Naples; mais du reste, elles sont loin d'offrir un spectacle aussi animé. Parmi les édifices publics qui méritent une attention particulière, est le nouveau théâtre *Sainte-Elisabeth*, d'une construction toute récente. Il peut contenir près de 2 000 personnes. Pierre Valenti en est l'architecte. L'intérieur est richement orné et décoré avec beaucoup de luxe. On évalue toute la dépense à 1,700,000 francs.

Le théâtre de Sainte-Elisabeth peut figurer parmi les principaux théâtres de l'Europe.

NAPLES.

Partis de Messine le 22 juin à une heure, nous atteignîmes Naples à sept heures du matin, après une traversée des plus agréables. La perspective qu'offre la ville à l'entrée du port est pour ainsi dire une création magique de la nature. Cette ville pittoresque, à une des extrémités de laquelle s'élève le Castello Sant-Elmo qui la domine, le Vésuve, dont les cendres brûlantes vont serpenter sur ses flancs couverts de neige, le golfe parsemé, sur ses rivages, des riants villages de *Castellamare*, de *Portici*, de *Sorrento* et de plusieurs autres lieux délicieux, tout contribue à plonger dans l'extase celui qui vient admirer ces magnifiques dons de la nature. Deux heures après notre arrivée, on nous permit de descendre à terre et d'y rester jusqu'à cinq heures du soir, moment de notre départ pour Civita-Vecchia.

Les instants dont nous pouvions disposer étaient si courts, que nous nous empressâmes de les mettre à profit pour jeter un coup-d'œil rapide sur la belle ville de Naples, dont heureusement on peut saisir l'ensemble en bien peu de temps. Un seul regard suffit, pour ainsi dire, pour embrasser Naples et tout ce qu'il renferme d'important et de caractérisque. En entrant dans la ville, on est frappé du mouvement et de l'animation qui y règne. Les rues de Naples sont la plupart étroites, irrégulières; il faut toutefois excepter la *rue de Tolède*, qui traverse la ville dans sa plus grande longueur.

Naples, comme toutes les capitales, est également ornée de beaux édifices; mais, il faut le dire, aucune ne peut rivaliser avec elle sous le rapport des beautés de la nature.

Parmi les édifices publics, je mentionnerai le palais du roi, à peu de distance de la mer, vis-à-vis duquel est située la superbe église de Saint-François-de-Paul. Au milieu de la place qui les sépare, on remarque les deux statues équestres, en bronze, représentant Charles III d'Espagne et Ferdinand I.

Ce qui intéresse vivement l'étranger à Naples, ce sont tous

les ouvrages d'art réunis au Musée, qui attire moins par ses tableaux, par ses statues, par ses marbres que par des œuvres admirables, dépouilles d'Herculanum et de Pompeï; c'est là la partie la plus curieuse de ce vaste réceptacle d'objets d'art et d'antiquités. Le titre de l'immense édifice, où sont réunis tous ces trésors, est le *Palazzo degli Studi*. Nous visitâmes aussi le Musée Egyptien, qui renferme une réunion de tous les objets qu'on rencontre d'ordinaire dans les collections de ce genre.

La *villa Reale* et la rivière de *Chiaja* occupent le premier rang parmi les promenades de la ville. Le temps, qui s'écoulait avec une vitesse incroyable, ne nous permit pas de visiter le reste des curiosités dignes d'être remarquées par le voyageur.

CIVITA-VECCHIA.

Cinq heures sonnaient lorsque nous nous dirigeâmes lentement vers le paquebot, et à cinq heures et demie précises, nous dîmes adieu à la voluptueuse Parthénope. En peu de temps nous dépassâmes les verdoyantes îles d'*Ischia* et de *Procida* pour entrer dans le golfe de Gaëte. Bientôt nous fûmes en face de *Terracina*, première ville des états du Pape, après avoir traversé un archipel où se détachent les îles de *Ponza* et de *Palmarola*. La côte des états romains que suit le vapeur, présente des plaines assez étendues et des collines peu élevées. Le lendemain matin, à huit heures, nous mouillâmes dans le port de Civita-Vecchia. Il n'y a pas grand'chose à dire sur cette ville, car elle est peu riche en objets dignes d'intérêt. Le voyageur doit cependant jeter un coup-d'œil sur le palais des Papes, où se trouvent quelques antiquités recueillies dans les environs de la ville. Quant aux églises, elles sont généralement assez bien ornées et décorées de peintures, en majeure partie assez médiocres.

L'arsenal de Civita-Vecchia a peu d'étendue; mais on sait que la force de Rome ne consiste point dans sa puissance militaire.

LIVOURNE.

A quatre heures du soir nous partîmes de Civita-Vecchia pour Livourne. Nous passâmes nécessairement devant l'îlot de *Giglio*, puis nous aperçûmes plus tard l'île de *Pianosa*, jadis florissante, *Monte-Cristo*, décrite dans un roman célèbre, enfin l'île d'Elbe, résidence de Napoléon en 1814.

Contrairement à beaucoup d'autres villes d'Italie, l'origine de Livourne ne remonte pas à une antiquité reculée. C'est une cité toute moderne, qui doit sa prospérité à l'abaissement de Pise, jadis sa souveraine. C'est au grand-duc Ferdinand Ier de Médicis, que Livourne est redevable de la création de son commerce, grâce aux privilèges dont il la dota ; depuis, son importance n'a fait que s'accroître de jour en jour. Le *Duomo*, principale église, située sur la place d'Armes, est d'une grande simplicité à l'extérieur, mais par contre, le plafond de la nef ne manque pas d'une certaine grandeur ; quelques peintures, relevées de dorure et de sculpture, produisent un grand effet. En somme, cette cathédrale pourrait dignement figurer parmi les édifices d'une grande ville. Au nombre des places dignes de l'attention du voyageur, on peut citer la *Piazza dei Gran Duchi*, de création moderne, qu'embellissent de beaux hôtels, la place d'Armes, qui occupe le centre de la ville, et où se trouve le Duomo, son principal ornement, avec le palais du Grand-Duc et celui du gouvernement. Toutes les principales rues de Livourne viennent aboutir à cette place ; aussi offre-t-elle à toute heure du jour un spectacle fort animé. Près du port intérieur, à l'entrée de la ville, apparaît la statue de son fondateur, le grand-duc Ferdinand Ier de Médicis. L'exécution ne présente rien de saillant, à l'exception de quatre esclaves montés en bronze, et qui sont enchaînés au bas du piédestal de marbre blanc qui la supporte. Ces figures sont l'œuvre de Pierre Tacca. Dans cette ville se trouvent de temples pour tous les cultes : il y a deux églises du rit grec, une du rit arménien et une synagogue, la plus belle peut-être que possèdent les juifs, en Italie et ailleurs.

Une des curiosités de la ville est le fameux *Cisternone*. Jadis l'eau douce y était rare; pour remédier à cet inconvénient, le gouvernement fit construire un aqueduc, transportant dans la ville, de cinq lieues de distance, une eau très-pure, qui va s'accumuler dans ce vaste réservoir, non loin de la ville. Le port de Livourne est vaste, mais peu sûr. Quant à la rade, elle est excellente et offre en tout temps un abri aux navires.

Sur un rocher situé vis-à-vis du môle, s'élève le phare construit en 1303, par la République de Pise.

FLORENCE.

Après une résidence de quelques jours à Livourne, nous quittâmes cette ville sans regret, pour nous rendre à Florence, l'Athènes de l'Italie, où nous arrivâmes à huit heures et demie du soir, après un trajet de trois heures sur le chemin de fer.

L'Arno, qui descend du mont Faltirono, traverse cette belle ville et la divise en deux parties inégales. Cette rivière se jette dans la mer un peu au-dessous de Pise.

Les rues de Florence sont propres et éclairées par de nombreux reverbères, placés à des distances assez rapprochées. L'aspect des palais vous donne une idée assez exacte de l'époque où la demeure d'un homme influent devait être un château-fort, en état de résister à un assaut, à un siége. La façade de la plupart de ces palais, a un air de simplicité, de grandeur et de force qui impose.

PROMENADES.

Les deux promenades les plus fashionables sont les *Cascine* et le jardin *Boboli*. La première comprend une vaste étendue de terrain appartenant au Grand-Duc; elle est ouverte au public, et deux allées carrossables, longues d'un mille et demi, courent parallèlement l'une à l'autre. Elles sont bordées de haies de lauriers et de myrthes. Dans l'intervalle qui les sépare, il y a des bois, des pâturages pour les vaches et des parcs réservés pour le gibier. Les *Cascine* sont, en été, le rendez-vous de la jeunesse florentine. On y voit de superbes et nombreux équipages, des cavaliers et des piétons qui vont passer quelques heures agréablement dans ce lieu délicieux.

La seconde promenade, le jardin *Boboli*, offre un mélange des genres anglais et français. Des hauteurs de ce jardin on embrasse tout le panorama de Florence d'un seul coup-d'œil. En résumé, j'ai éprouvé un charme infini à parcourir ce jardin ouvert au public deux fois par semaine.

PLACE DU GRAND DUC.

La première place que visite l'étranger à Florence, c'est la Place du Grand Duc, laquelle n'a rien de vaste, mais qui intéresse vivement par ses souvenirs historiques et par les ouvrages d'art qui s'y trouvent réunis. L'édifice central, qui frappe aussitôt l'attention, c'est le palais *Vecchio*, construction massive, imposante, avec des créneaux et une tour élevée. Les objets d'art les plus remarquables, sont la statue équestre de Cosme Ier, par Jean Bologna. Près du palais est la majestueuse fontaine de Neptune, représentant ce dieu traîné par des chevaux, tandis que des Nymphes, des Satyres et des Triton folâtrent autour et sur les bords du bassin. Il y a aussi, d'un autre côté, un groupe d'Hercule tuant Cacus, puis encore une autre figure colossale de David triomphant de Goliath, par Michel-Ange. On peut admirer une belle collection de statues en bronze et en marbre, exécutées par les premiers sculpteurs d'Italie.

GALERIE ROYALE.

Voilà sans contredit le trésor le plus précieux que possède Florence. C'est un immense édifice contigu au *Palazzo-Vecchio*, que Cosme Ier fit ériger au XVIe siècle par Vasari. Dans la salle d'entrée de la galerie, on voit les bustes des médecins qui l'ont enrichie. Je ne décrirai pas toutes les salles, avec les admirables chefs-d'œuvre qui les embellissent ; ce serait un long travail qui exigerait beaucoup de temps, et surtout des connaissances artistiques que je suis loin de posséder. Je vais dire seulement quelques mots de la salle octogone, dite *la Tribune*, qui a 25 pieds de diamètre. Elle renferme quelques-uns des ouvrages les plus remarquables du monde entier, en peinture et en sculpture. C'est ici qu'on ne se lasse point d'admirer la *Vénus de Médicis*, qu'on attribue à Praxitèle; le célèbre *Apollon*, les *Lutteurs*, le *Rémouleur* et les *Faunes*. On y remarque aussi cinq tableaux par Raphaël, trois du Titien, un par Michel-Ange, quatre par le Corrèges, et quelques-uns d'autres artistes de réputation moins éclatante. Je passe sous silence la salle de Niobé, les cabinets des bronzes antiques et modernes, renfermés dans quatorze armoires vitrées, le cabinet des inscriptions grecques et latines, les monuments égyptiens, les portraits des peintres peints par eux-mêmes et réunis dans deux vastes appartements, les salles des tableaux des écoles vénitienne, française, flamande, hollandaise, italienne et toscane; enfin, les cabinets des hermaphrodites et celui des pierres précieuses. Cela fait en tout deux vestibules, trois corridors, deux salles et douze bâtiments.

PALAZZO PITTI.

Ce palais fut construit en 1440, d'après le dessin de Brunelleschi. C'est un édifice d'un aspect noble et élégant, dont la vue enchante le visiteur, car il renferme une collection choisie de cinq cents tableaux, la plupart du plus haut mérite. Nulle autre collection n'approche de celle-là sous le rapport de la supériorité des talents. Les salles dignes d'être parcourues avec attention sont au nombre de quatorze; c'est dans la galerie de Flore que se trouve la célèbre *Vénus* de Canova, d'un fini d'exécution tel, qu'elle peut pour ainsi dire rivaliser avec la *Vénus de Médicis* de la galerie florentine.

PALAZZO STROZZI.

On en commença la construction en 1489, d'après le dessin de Benedetto de Majano, et il fut continué par Cronaca. On remarque dans les salles de ce palais une riche galerie de tableaux choisis des principaux artistes, parmi lesquels on distingue ceux d'Andrea del Sarto, du Titien, de Leonardo, de Guido, de Guercino, de Correggio, de Caravaggio, de Perugino, etc.

Il y a à Florence bien des palais particuliers qui méritent d'être visités, et qu'il serait trop long d'énumérer ici.

MUSÉE D'HISTOIRE NATURELLE.

Ce noble édifice, ouvert chaque jour au public, est à peu de distance du palais Pitti. C'est peut-être le plus beau musée qui existe en ce genre. Les collections de minéralogie, de géologie, d'ornithologie, sont magnifiques et s'enrichissent tous les jours par la libéralité du Grand-Duc. Pour l'étranger, les modèles en cire sont les plus intéressants. On les a distribués dans quinze salles. Elles renferment des préparations diversement colorées, et travaillées avec une patience admirable qui n'a pas négligé les plus minutieux détails. Il y a également plusieurs figures de grandeur naturelle. Toutes ces préparations sont renfermées dans des armoires vitrées, au-dessus desquelles se trouvent des dessins correspondant aux modèles. Une des pièces les plus intéressantes contient une collection d'anatomie comparée. L'art d'imiter la structure humaine avec de la cire fut d'abord pratiqué par Zumbo, sicilien qui vint à Florence, invité par Cosme III.

BIBLIOTHÈQUE LAURENTIENNE.

Cette bibliothèque a reçu son nom de l'église de San-Lorenzo, à laquelle elle était autrefois réunie. Elle est noblement disposée dans un bâtiment à la fois riche et pompeux, dessiné par Michel-Ange On y remarque les manuscrits les plus intéressants de l'Europe, entre autres la fameuse copie des Pandectes, découverts à Amalfi au xii⁰ siècle. La littérature italienne y est riche en monuments précieux. Il y a une copie de la *Divina Commedia* du Dante, transcrite par Felippo Villani, vingt ans après la mort du poète ; une copie du Décaméron, l'autographe original par Fr. Mannelli, petit-fils de Boccace. On y voit encore des missels magnifiques.

L'ACADÉMIE DES BEAUX-ARTS.

Elle est renfermée dans un édifice spacieux qui servait jadis d'hôpital. La galerie des tableaux y est surtout riche en ouvrages de l'art toscan primitif, indiquant les progrès de la peinture depuis la raideur froide de l'école byzantine, jusqu'à l'indépendance gracieuse de celle du xvie siècle. C'est ici que le génie céleste de Fra Angelico remplit pour ainsi dire l'air d'un esprit de dévotion. Il y a des œuvres fort agréables de P. Perugino, et d'admirables tableaux de saint François, par Cigali, où il a représenté la faiblesse corporelle du vieillard et la ferveur extatique du saint. C'est également dans ce même édifice que l'on entretient aux frais de l'État la fabrique florentine de mosaïques

CHAPELLE DES MÉDICIS.

Cette chapelle, contiguë à l'église même de San-Lorenzo, est une pièce octogone, surmontée d'une coupole admirablement peinte à fresque par Benvenuti, artiste italien moderne. Les murs en sont revêtus de plaques de marbres très-riches et de pierres précieuses ; elle est ornée des armoiries des différentes villes de la Toscane, exécutées en mosaïque florentine. Les cénotaphes de la famille des Médicis rangés autour des murs, étincellent de pierres précieuses qui y ont été prodiguées avec une profusion qui rappelle à notre imagination le palais d'Aladin. 1,700,000 dollars ont été dépensés pour cette somptueuse chapelle, encore inachevée.

ÉGLISES DE FLORENCE.

La plupart des églises, à l'exception du Dôme, ont, à mon avis, un aspect extérieur assez mesquin. La cathédrale ou *Santa Maria del Fiore*, a coûté 160 ans de travail. Elle doit son origine à la dévotion fervente du peuple florentin. On en confia l'exécution à Arnolfo di Lapo, en 1296. La simplicité de cet édifice est pleine de noblesse. Sa superbe coupole, conception hardie de Brunnelleschi, a des beautés dont un architecte seul peut comprendre le mérite. L'intérieur de la cathédrale, où règne un délicieux clair-obscur, a quelque chose d'imposant.

Vis-à-vis la cathédrale est le Baptistère dédié à saint Jean-Baptiste. Il est de forme octogone et revêtu de marbre. Ce Baptistère est aussi renommé par ses trois portes en bronze ; l'une, par Andrea Pisano, et les deux autres par Lorenzo Ghiberti.

SANTA CROCE.

L'église de Santa Croce est loin d'être magnifique à l'extérieur, mais l'intérieur est vénérable et imposant. Les fenêtres en sont longues et étroites, garnies de vitraux gothiques coloriés. Le principal mérite de cette église consiste dans ses tombeaux et ses monuments. C'est ici que reposent les restes de Michel-Ange, de Machiavelli, de Galilée, de Léonardo Bruno, d'Alfieri, de Lanzi, l'historien de la peinture, et de Filicaio, le poète lyrique. Tous ces noms illustres, on ne les oubliera jamais tant que le savoir modeste et le génie poétique seront honorés parmi les hommes.

SANTA MARIA NOVELLA.

L'intérieur de cette église, par son étendue, sa simplicité et l'heureuse combinaison de la lumière et de l'ombre, est fort beau. On y trouve ce fameux tableau de Cimabuë, représentant une vierge et un enfant, dépassant la grandeur naturelle. C'est dans cette église que s'ouvre la scène du Décaméron ; c'est là que Bocace rencontre un groupe de dames florentines qui, désolées de la dispersion de toute la société à cause de la peste, prennent la résolution de se retirer à quelque distance de la capitale et de s'y distraire par toutes sortes de divertissements.

L'ANNUNZIATA.

Cette église renferme les restes de Jean Bologna, qui mourut à Florence en 1608. Les fresques du portique, par

Andrea del Sarto, sont d'un haut intérêt. Dans un des cloîtres de cette église est la *Madona del Sacco*, par le même peintre.

PISE.

Nous ne pouvions quitter la riante Toscane, sans visiter Pise et Lucques.

Le 11 juillet nous partîmes pour Pise, où nous arrivâmes après un court trajet de deux heures et demie. Pise est une des plus anciennes villes de l'Italie. Elle est située sur les bords de l'Arno qui la divise en deux parties inégales.

Notre Cicérone attira notre attention vers un édifice obscur et délabré, qu'il nous dit être la tour où périt de faim avec ses enfants, le malheureux comte Ugolin; aussi a-t-elle gardé le nom de *Tour de la Faim*. Voici les quatre principaux monuments qui méritent d'être vus :

Ce sont la Cathédrale ou *Duomo*, le Baptistère, le Campo Santo et la Tour Penchée.

LA CATHÉDRALE.

L'architecte de cet édifice fut Bruschetto, qui, selon quelques auteurs, la commença en 1016, et selon d'autres en 1603. Elle renferme de belles colonnes en granit, en jaspe, en vert antique provenant d'anciens édifices. Les portes en bronze sont fort curieuses et furent exécutées par Bonnano; celles de Jean Bologna sont les deux des plus petites entrées, à l'extrémité occidentale.

LE BAPTISTÈRE.

Sur la place, vis-à-vis de la façade principale de l'église, se trouve le Baptistère, œuvre remarquable d'architecture, dédiée à saint Jean-Baptiste, et où on a placé les fonts baptismaux. 32,000 familles contribuèrent, dit-on, à l'érection de ce monument. L'intérieur de cet édifice est en ce moment en réparation.

LE CAMPO SANTO.

Sur la même place se trouve le *Campo Santo*, ou cimetière, construit en 1298, sous la direction de G. Pisani. Ce monument est un vaste cloître dont les murs sont ornés de fresques qni jouissent d'une réputation méritée, surtout celles de Giotto. Malheureusement elles se dégradent chaque jour visiblement. On a eu l'heureuse idée de convertir ce beau monument en une espèce de musée qui renferme plus de 600 pièces de sculpture ancienne et moderne.

LE CAMPANILE.

Le Campanile ou *Tour Penchée*, fut commencé en 1174. Il a 150 pieds de hauteur. Son inclinaison est telle, qu'un fil à plomb placé à son sommet, s'écarte à plus de 13 pieds de sa base. Cette tour était destinée à servir de beffroi au Duomo. Du haut, on y jouit d'une vue admirable qui permet d'apercevoir Livourne, Lucques et Florence.

Les autres monuments de Pise, quoique beaux, ne méritent guère d'être mentionnés, après les quatre merveilles que je viens de décrire.

LUCQUES.

De Pise nous allâmes à Lucques. La situation de cette ville, au milieu d'un amphithéâtre de collines est très-agréable. Les monuments qui méritent l'attention du voyageur ne sont pas nombreux. Le palais du Grand-Duc est l'édifice le plus remarquable de Lucques. A dix milles de cette ville sont situés les bains connus dans toute l'Italie par leurs qualités salutaires. Ils se trouvent dans un endroit vraiment enchanteur, et les habitants ont mis tout en œuvre pour y attirer les étrangers, et leur en rendre le séjour délicieux pendant les des grandes chaleurs de l'été.

GÊNES.

Après avoir parcouru et visité toute la Toscane, ainsi que je l'ai raconté dans les pages précédentes, nous retournâmes sans délai à Livourne. Le 19 juillet, à sept heures du soir, nous nous embarquâmes sur le vapeur napolitain *le Calabrais,* et le lendemain, à quatre heures du matin, nous étions dans le port de Gênes. Je ne puis décrire les magnifiques points de vue qui frappaient mes regards à mesure que se dissipait la brume du matin, et que la lumière se répandait sur la baie et les collines environnantes. Cette ville est une masse de palais d'un blanc éclatant, accumulés à la base d'une montagne demi-circulaire, dont les flancs sont parsemés de villas somptueuses; tout cela devenait de plus en plus charmant à mesure que le jour brillait davantage, et bientôt je pus embrasser d'un seul coup-d'œil la rivale de Venise.

Les rues de Gênes sont généralement étroites et bordées de maisons très-élevées. Les palais des principales rues, celles portant les noms Balbi, Nuova, Nuovissima, Carlo Felice, Giulia, Carlo-Alberto, sont de superbes constructions en marbre, d'une architecture riche et pompeuse.

ÉGLISES.

Il y a à Gênes de nombreuses églises, à la construction desquelles on a employé les matériaux les plus précieux et les marbres les plus riches. Voici les noms de celles que nous avons visitées.

La Cathédrale est un magnifique spécimen de l'art du xve siècle. Ce qui produit un singulier effet, ce sont ces rangées alternatives de marbre blanc et noir qui règnent à l'intérieur comme à l'extérieur. Elle renferme plusieurs beaux tableaux et plusieurs belles statues, de riches chapelles brillantes de marbre et de dorures que j'admirai à la hâte, ne voyant rien qui méritât une longue attention. De là, nous allâmes voir l'église de *Santa Maria di Carignano.* Cette église est due à la famille Sauli, qui la fit élever à ses frais. L'effet de l'intérieur est très-agréable, et on y trouve quatre statues colossales, dont deux par David et deux par Puget, qui ont beaucoup de mérite. De la coupole on jouit d'une vue admirable qui embrasse la ville, les collines des Apennins et la mer.

L'*Annunziata*, sur la place du même nom, est assurément une des plus belles et des plus riches églises de Gênes. L'intérieur en est brillant et regorge de marbres somptueux, de dorures et de peintures.

L'église des Jésuites, dédiée à saint François Xavier, est près de l'Académie, et renferme un tableau de l'*Assomption de la Vierge*, fait par Reni Guido. On y remarque aussi une *Circoncision*, de Rubens, et d'autres beaux tableaux. Quant aux autres églises, il serait trop long d'en donner des détails.

PALAIS.

PALAIS ROYAL.

Ce palais fut élevé par la famille Durazzo; en 1815, il fut acheté par la famille actuellement régnante en Piémont. La richesse du palais est son moindre mérite. Il renferme un jardin bien entretenu, une bibliothèque et même un théâtre. Il y a aussi de beaux tableaux de Vandick, du Caravage, du Titien, et des statues grecques d'une belle conservation, ce qui fait de ce palais un véritable musée que le voyageur ne saurait se dispenser de visiter.

PALAIS DORIA.

Ce palais est situé hors des murs de la ville; il est remarquable par sa belle colonnade en marbre blanc qui lui donne un aspect si imposant, surtout lorsqu'on l'aperçoit de la mer. Il est célèbre par la beauté de ses fresques, qui sont vraiment remarquables. De magnifiques jardins, étagés sur le penchant de la colline, offrent un panorama ravissant. Ce palais a servi d'habitation à un grand nombre de personnages historiques :

Charles V, Maximilien de Bohême, Marguerite d'Autriche, femme de Ferdinand III, d'Espagne, et, au commencement de ce siècle, il fut la résidence de Napoléon-le-Grand.

Il faudrait remplir un volume pour décrire convenablement les quatre-vingt-dix palais restants qui font un des plus beaux ornements de Gênes. Je me bornerai donc à mentionner les principaux : Palazzo-Balbi, rempli de tableaux des plus grands maîtres ; Palazzo-Ducale, résidence actuelle du gouverneur ; Palazzo Brignole-Sale, nommé aussi Palais Rouge, contient une belle collection de tableaux ; Palazzo-Pallaviccini, qui renferme une des plus belles collections de la ville ; Palazzo Durazzo, palais qui se distingue par un magnifique escalier de marbre blanc ; il a aussi de belles fresques et de superbes tableaux. Il existe encore une foule de palais qui renferment bien des richesses en objets d'art, en marbre et en sculpture ; mais je me dispenserai de les énumérer.

Il y a à Gênes un beau théâtre, celui de Carlo-Felice, construit par le roi de Piémont en 1828. C'est, pour ainsi dire, un des plus magnifiques de l'Italie, par ses proportions considérables et la richesse des ornements intérieurs.

On trouve en outre à Gênes tous les établissements qui sont le propre d'une grande ville : une université, une académie des beaux-arts et une bibliothèque. La promenade de l'*Acqua-Sola* est la plus fréquentée à Gênes ; c'est là que se réunit la haute société.

MILAN.

Après nous être arrêtés à Gênes trois jours seulement, nous songeâmes à partir le 23 juillet. Le chemin de fer sarde nous transporta à *Novara*, d'où nous partîmes en diligence à sept heures du soir, pour arriver le lendemain à six heures du matin à notre destination. Nous nous empressâmes de sortir au plus tôt pour aller admirer la cathédrale, ce que fait tout étranger dès son entrée à Milan.

LE DOME.

La plus célèbre église de Milan, et, j'ose le dire, du monde entier, après Saint-Pierre de Rome. Elle est située près du palais du vice-roi. Cette cathédrale fut commencée en 1386, sous le règne de Jean Galeas, d'après le plan de Gamadia, dans le style gothique. Elle est entièrement construite de marbre blanc, apporté des environs du lac Majeur. Toutes les flèches de l'édifice sont ornées de 4,000 statues, également en marbre blanc, ce qui forme un des traits les plus caractéristiques de cet immense édifice Quant à l'intérieur, il a excité en moi un profond sentiment d'admiration. 160 colonnes massives, en marbre blanc, soutiennent le plafond. Une riche chapelle souterraine renferme dans un coffre de cristal, doublé d'argent, le corps de saint Charles-Borromée. Des bas-reliefs sur les murs, au nombre de huit, représentent les évènements les plus remarquables de la vie de ce saint.

BIBLIOTHÈQUE AMBROSIENNE.

Cette bibliothèque, fondée en 1600 par le cardinal F. Borromeo, archevêque de Milan, et neveu de saint Charles, est peut-être l'établissement le plus vaste, le plus précieux dont un simple particulier ait jamais conçu le plan et l'exécution en faveur des arts et des sciences, depuis la renaissance des lettres. Il renferme un monde de sujets intéressants. Je me contenterai de signaler les plus marquants. J'ai remarqué un manuscrit de Virgile, avec des annotations à la main par Pétrarque; un manuscrit en papyrus, plusieurs palimpsestes curieux, une lettre écrite par Lucrèce Borgia, et un livre de dessins par Leonardo di Vinci. Dans la partie supérieure de l'édifice, on trouve de beaux tableaux, les cartons de Raphaël pour les fresques de l'école d'Athènes, au Vatican; des dessins précieux de Michel-Ange et de Leonardo di Vinci, le tout protégé contre des mains trop curieuses par une armoire vitrée; enfin un seul cheveu, d'un jaune pâle, qu'on dit avoir appartenu à Lucrèce Borgia.

LA CÈNE, PAR LEONARDO DI VINCI.

Après la cathédrale, un des objets les plus intéressants à Milan, c'est la Cène, par Leonardo di Vinci, qu'on admire encore dans le ci-devant monastère de Notre-Dame-des-Grâces. C'est probablement la plus célèbre peinture qui existe dans le monde, celle dont on a le plus parlé et sur laquelle on a le plus écrit. Le tableau n'a pas été peint à la fresque, mais à l'huile, sur le mur; c'est là la cause première de son état de ruine auquel les restaurateurs ont très-probablement contribué pour leur part. Il occupe l'extrémité d'une salle nue, et devant se trouve un échafaudage construit pour l'avantage des artistes. Une personne qui n'aurait jamais vu la gravure de Morghen, reconnaîtrait avec peine la beauté merveilleuse de cette œuvre, dont les couleurs sont affaiblies et presque disparues.

LA GALERIE BRERA.

Le palais royal des arts et des sciences, autrefois appelé *Brera*, renferme plusieurs établissements. On y trouve un observatoire astronomique, le premier en Italie; la cour du Lycée et son escalier dessiné par Bischini, sont magnifiques. La bibliothèque est riche en éditions rares et en manuscrits. Le jardin botanique est bien fourni de plantes exotiques. Il y a aussi une collection de médailles dont le chiffre s'élève à 12,000. Les nouveaux salons de la galerie contiennent quelques tableaux de choix; mais il faut, pour ainsi dire, les pêcher dans un océan de médiocrités. Parmi les chefs-d'œuvre on peut citer *Abraham et Agar*, par Guercini, *les Fiançailles*, par Raphael. Une exposition des artistes vivants occupait alors un compartiment de la galerie. Quant aux sculptures elles sont merveilleuses.

THÉATRES.

Milan possède plusieurs théâtres, parmi lesquels on distingue surtout celui de la *Scala*, ainsi appelé, parce qu'on l'a érigé sur l'emplacement où s'élevait autrefois l'ancienne église de *Santa Maria della Scala*. C'est sans contredit le plus beau et le plus majestueux de toute l'Italie, où l'on a porté si loin le luxe et la grandeur des théâtres. Après la Scala on cite le théâtre *Re*. Ce petit théâtre tire son nom de celui du propriétaire. Il est très-fréquenté à cause de sa situation centrale, et peut contenir près de mille spectateurs. Une excellente compagnie française, dirigée par M.' Meynadier, y joue chaque été des vaudevilles et des comédies avec un ensemble vraiment remarquable. Je passe sous silence le théâtre *alla Canobbiana*, que je n'ai point vu, mais que l'on dit vaste et commode, quoique inférieur à celui de la Scala sous le rapport de l'étendue et de la beauté.

ARC DE LA PAIX.

Dans ce court résumé des nombreux objets intéressants qui frappent le voyageur à Milan, je ne dois pas omettre l'Arc-de-Triomphe commencé par Napoléon Ier. Il est situé au bas de la route qui conduit au Simplon. Il est presque aussi colossal que l'Arc du Carrousel, à Paris. L'effet qu'offre ce magnifique monument est imposant et majestueux.

AMPHITHÉATRE.

L'Amphithéâtre de la *Piazza del Castello*, autre ouvrage érigé par Napoléon, est aussi une entreprise admirable. Il peut contenir 45,000 spectateurs. On y a représenté dans le temps des naumachies, ou combats navals, et des luttes. Notre court séjour à Milan ne nous a pas permis d'observer minutieusement cette belle ville ; je dirai seulement que nous avons été enchantés de sa physionomie générale, et je suis certain qu'elle présente des ressources infinies à la science. Le commerce de Milan, sans être très-étendu à l'étranger, ne laisse pas que d'être assez important avec quelques villes d'Italie. Des canaux, qui la relient d'un côté avec l'Adda, et de l'autre avec le Ticino, fournissent de grandes facilités pour les relations intérieures.

TURIN.

Après avoir visité Milan, notre intention était de nous rendre directement à Venise; mais comme il manquait à notre passeport un visa indispensable que nous ne pouvions faire apposer à Milan, puisque aucun consul étranger n'y réside, nous fûmes donc forcés d'aller à Turin pour remplir la formalité voulue.

Turin est une des villes les plus agréables de l'Italie, quant à sa position. Quoique ce soit une petite ville considérée comme capitale, elle est beaucoup plus régulière que ne le sont en général les villes de la Péninsule Italienne, et quoique fort ancienne, elle ne conserve aucune trace d'antiquité. Vers le centre de la ville se trouve une belle place, formée par le palais du roi, le ministère et d'autres édifices publics.

PALAIS ROYAL.

Le palais du roi ne se distingue que par une garde royale. Les appartements que nous avons visités avec attention, sont meublés avec un luxe et une élégance dignes du séjour d'un monarque. Le palais du souverain, celui du prince Carignano, le Ministère, le Théâtre, la Mairie et la place du Marché, voilà les principaux édifices publics. Le nombre des églises est remarquable; il s'élève jusqu'à 120, y compris les chapelles et les couvents. Plusieurs se distinguent par la richesse de leurs ornements et une belle architecture. Le noble aspect de l'église de Saint-Jean, située derrière le palais, et l'église de *Corpus-Christi*, quoique peu admirées en général, me plurent infiniment. Parmi les ouvrages d'antiquité qu'on peut voir à Turin, se trouve une célèbre table Egyptienne qu'on montre avec beaucoup d'orgueil. Disons aussi, en passant, que le Musée Egyptien mérite bien une visite.

Parmi les objets qui attirent le plus l'attention du voyageur dans le tableau général ou coup-d'œil de Turin, on peut

mentionner la *Superga*, église richement ornée, construite
sur le sommet d'une montagne d'après le dessin de Gennaro,
à la suite d'un vœu fait par Victor Amédée, l'an 1706, lorsque
Turin était assiégée par les Français. Cette église, située à une
petite distance de Turin, sert de mausolée à la famille
royale du Piémont.

VENISE.

Une fois notre passeport en règle, ce qui se fit sans la
moindre difficulté, nous quittâmes Turin après un séjour de
deux jours, puis nous retournâmes à Milan. Le 28 juillet,
sans perdre de temps, nous nous dirigeâmes sur la belle
route de Venise, où nous entrâmes le même jour, à huit
heures et demie du soir, après un trajet de douze heures.

L'histoire ne commence à s'occuper de Venise que vers le
v⁰ siècle. Je me garderai bien d'en donner ici le résumé même
le plus succinct; je me bornerai à dire que cette histoire
est pleine d'intérêt dramatique, et que les poètes de toutes
les nations y ont trouvé d'amples matériaux, remplis d'inci-
dents et d'intrigues diverses. Cette ville qui, à l'origine, n'é-
tait qu'un amas de petites îles séparées par des canaux fan-
geux, a étonné le monde par la splendeur de son commerce,
par sa puissance et la richesse de son aristocratie.

En 1797, Buonaparte victorieux, mit fin à son existence
comme état indépendant, et, en 1815, elle est devenue
province de l'empire d'Autriche. Aujourd'hui cette ville,
autrefois si florissante, a considérablement perdu de son
ancienne prospérité. Depuis 1846, Venise a cessé d'être une
île; un pont de deux cent vingt-deux arches la relie à la terre
ferme, et la locomotive franchit cette distance en quelques
minutes. Notre séjour à Venise fut court; cependant, je vais
esquisser brièvement les principaux monuments que j'ai
visités.

PLACE DE SAINT-MARC.

Cette place, la plus vaste de Venise, est celle que tout voyageur a hâte de voir. C'est une espèce de carré formé par un assemblage d'édifices d'un aspect assez curieux. D'abord, la Basilique de Saint-Marc, un des plus anciens monuments d'Italie et des mieux conservés. On le commença en 976, et il ne fut terminé qu'en 1071. Cinq cents colonnes de marbres différents la soutiennent à l'intérieur. Un des plus beaux ornements de la façade de cette église, ce sont les quatre chevaux de bronze qui, après avoir figuré à Corynthe, à Constantinople, à Venise, enfin à Paris sur l'Arc du Carrousel jusqu'en 1815, furent définitivement ramenés à Venise à la même époque. Quant à l'intérieur de cette merveilleuse Basilique, on ne peut le contempler sans une vive émotion. Partout on aperçoit des mosaïques, de l'or et du marbre d'un travail admirable.

PALAIS DUCAL.

Ce beau monument, très-vaste, témoigne de la puissance de Venise. Le style byzantin y domine. L'escalier des Géants frappe aussitôt les regards. C'est au sommet de cet escalier qu'avait lieu autrefois le couronnement du doge. Le palais renferme une prodigieuse quantité de salles que nous avons parcourues, toutes d'une grande richesse et d'un grand intérêt ; je me dispenserai d'en parler, car pour le faire dignement il faudrait remplir un volume.

La bibliothèque de Saint-Marc doit sa fondation à Pétrarque, qui lui fit don de ses livres en 1362. Depuis, d'autres personnages illustres ont suivi cet exemple, ce qui fait qu'aujourd'hui elle compte 100,000 volumes environ, parmi lesquels 8,000 manuscrits grecs, latins, arabes, turcs, persans.

Viennent ensuite le Palais royal, situé sur la Piazzetta et les Procuratie qui forment le côté de la Piazzetta opposé au palais ducal. La tour de l'Horloge, construite en 1496, par Pietro Lombardi, et restaurée en 1757 par Andrea Camerati.

On remarque un cadran qui, non-seulement indique les heures, mais encore les signes du zodiaque, les phases de la lune et autres détails astronomiques. Deux statues en bronze, nommées *J. Mori*, sonnent l'heure en battant une cloche.

A l'extrémité de la Piazzetta, du côté de la mer, s'élèvent deux hautes colonnes, l'une supportant le lion de Saint-Marc, et l'autre le saint lui-même, protecteur de la ville.

Quant aux églises de Venise, elles sont en si grande quantité, que je crois tout-à-fait inutile d'en citer même les noms, à l'exception des suivantes.

SAN FRANCESCO DELLE VIGNE.

L'architecture en est de Sansovino, la façade exceptée, qui est d'après le dessin de Palladio. Cette façade est ornée de deux statues qui représentent Moïse et saint Paul, œuvre de Tiziano Aspetti. Son plus bel ornement est le fameux tableau de Paul Véronèse, représentant la *Résurrection*. On remarque aussi dans cette église un nombre considérable de sculptures du XVe siècle.

SAN GIOVANNI E PAOLO.

On attribue cette église à un moine dominicain; c'est une des plus vastes de Venise et une des plus riches en ornements. Parmi les nombreuses peintures qu'on y trouve, je citerai principalement le tableau représentant saint Pierre, martyr, par le Titien, lequel est considéré comme son chef-d'œuvre.

SAN JACOPO DI RIALTO.

Celle-ci fut la première église construite à Venise. Elle n'est remarquable que par son antiquité.

SANTA MARIA DEI FRATRI.

Elle est d'une grande richesse d'ornementation, et curieuse par les objets d'art qu'elle renferme. L'architecture est de Nicolas Pisano. Le maître-autel a pour principal ornement un *Assunto*, par le Salviati. On remarque dans cette église un magnifique tableau du Titien, représentant la Vierge, saint Pierre et d'autres saints.

SANTA MARIA DELLA SALUTE.

Elle fut élevée à la suite d'un vœu fait par la République à l'occasion de la peste de 1630, qui fit à Venise plus de 40,000 victimes. Les autels, le chœur et surtout la sacristie, sont ornés de belles peintures du Titien, du Tintoretto, de Salviati, de Basaiti et du Padorauno.

LE GRAND CANAL.

Le Grand Canal est l'artère principale de Venise; chaque maison est pour ainsi dire un palais. Ceux qui frappent le plus l'attention sont le palais Giustiniani, aujourd'hui l'Hôtel de l'Europe, le palais Fini, celui de la famille Cornaro, puis l'Académie des Beaux-Arts, riche en peintures de l'école vénitienne, qui a poussé si loin la magie de la couleur. Outre les beaux tableaux, il y a encore d'admirables sculptures, des marbres précieux et des bronzes d'un haut mérite. Après ces palais viennent les suivants : Cantarini degli Scrigni, Rizzonico, Grassi, Foscari, où logeaient les souverains qui venaient visiter Venise, le palais Contarini, si riche en sculptures, les quatre palais de la famille Mocenigo, qui a donné des doges à Venise, le palais Pisani, où on voit le principal tableau de Paul Véronèse, représentant la famille Darius aux pieds d'Alexandre, le palais Barberigo, qui contient les principaux maîtres de l'école vénitienne, les palais Cornaro Spinelli, Contarini; le palais Grimani, le palais Tiepolo, Farsetti, Loredano, Dandolo, Bembo, le palais Vendramini, que possède actuellement la duchesse de Berri. Je ne finirais pas si je voulais énumérer, et surtout décrire tous les palais que renferme Venise. Le nombre des ponts qui se trouvent dans cette ville s'élève à 366; ils sont tous construits en pierre; le plus remarquable est celui du Rialto, qui date de 1591.

THÉATRES.

Nous nous gardâmes bien de manquer d'assister à la représentation du *Prophète,* au théâtre de la Fenice, dont j'ai gardé un si brillant souvenir, qu'il ne s'effacera jamais de ma mémoire. Quels talents, comme chanteurs, comme cantatrices! quel éclat! quel luxe! Le théâtre de la Fenice jouit en Italie d'une réputation méritée. Il fut construit en 1791, et détruit par un incendie en 1839. En quelques mois les ruines furent réparées, et il gagna en richesse et en élégance.

Venise possède encore d'autres théâtres, tels que ceux d'Apollo, de Gallo et de Malibran, qui sont plus ou moins élégants. La place Saint-Marc est la promenade favorite de la société vénitienne. Le soir surtout, cette magnifique place offre un coup-d'œil ravissant, grâce à l'éclairage au gaz qui inonde de lumière cette scène d'enchantement.

Le quai des Esclavons, prolongation du palais ducal, et le jardin public, ne sont pas aussi recherchés des promeneurs. Il va sans dire que Venise, qui a brillé par son commerce maritime, se vante d'avoir un arsenal qui est un de ses monuments les plus imposants; il fut commencé en 1304, et depuis cette époque, on y a sans cesse travaillé.

TRIESTE.

Par un temps magnifique, le 30 juillet, à six heures du matin, nous nous embarquâmes sur un vapeur autrichien qui nous transporta à Trieste, dont nous abordâmes le port a midi précis.

C'est à l'empereur Charles VI, que Trieste est redevable de son port franc, privilège qui a été pour cette ville une source de richesse et de splendeur commerciale. C'est par là qu'elle a pu hériter de tout le commerce de Venise, et devenir à son tour la véritable reine de l'Adriatique. Il n'y a rien à Trieste pour retenir le voyageur longtemps.

Trieste est divisée en nouvelle et ancienne ville; la seconde, plus étendue que la première, qui renferme quelques monuments curieux, entre autres la Cathédrale, jadis temple païen, où l'on remarque quelques chapelles richement ornées, mais fort peu d'objets d'art. La ville neuve, construite plus régulièrement, est coupée en deux parties inégales par un vaste canal, au moyen duquel les navires du plus fort tonnage peuvent aborder. Parmi les églises nouvellement construites, je citerai celle de Saint-Antonio ; elle est d'un aspect grandiose et d'une richesse extrême à l'intérieur.

Santa Maria Maggiore mérite d'être visitée. L'architecture en est supérieure à celle de Saint-Antonio. La Bourse est un édifice digne du commerce considérable de Trieste.

En fait d'établissements recommandables, je mentionnerai la Bibliothèque publique, riche en ouvrages italiens et allemands, un Musée, une Société des sciences et des lettres, une Académie Impériale, une École de Navigation, des églises du rit grec, un temple protestant, trois synagogues, un palais du gouvernement, une douane très-vaste et un jardin de botanique. Trieste possède quelques belles promenades, entre autres celle de Boschetti, tracée au milieu des collines charmantes qui dominent la ville ; puis celle dite de Sant-Andrea, qui est sur les bords de la mer et descend vers le rivage.

Trieste n'a point de passé, mais seulement de l'avenir ; elle est aujourd'hui ce que fut autrefois Venise, le point de communication entre l'Orient et l'Occident.

Arrivés à Trieste à midi, nous en repartîmes à cinq heures du soir avec la diligence, qui nous conduisit à Laybach, où nous arrivâmes à quatre heures du matin. Quand on quitte Trieste, on entre tout de suite dans une région désolée ; c'est pendant longtemps un terreau aride et monotone, où les fleurs et la verdure ne réjouissent point la vue. Après avoir parcouru un espace de près de cinq milles, on arrive à un plateau élevé où l'on rencontre un des spectacles les plus riants de la terre, spectacle dont l'attrait est d'autant plus délicieux qu'il contraste avec la désolation monotone qu'on a dû traverser. Après une heure de repos à Laybach, nous partîmes à cinq heures du matin par le chemin de fer pour Vienne, où nous arrivâmes à 6 heures et demie du soir.

VIENNE.

La ville de Vienne proprement dite, n'est pas considérable, mais elle est entourée de faubourgs au nombre de trente-quatre, ce qui lui assigne, comme étendue, un des premiers rangs parmi les capitales de l'Europe. Les fortifications qui entourent la ville sont autant de promenades. Voici un petit résumé des monuments et des édifices que nous avons visités.

SAINT-ETIENNE.

Saint-Etienne est la Cathédrale de Vienne. Sa longueur est de 110 mètres, sa largeur de 74, et son clocher, un des plus hauts d'Europe, s'élève à la hauteur de 145 mètres. Cinq portails donnent entrée dans l'église. L'intérieur est richement orné et renferme plusieurs tableaux remarquables par le travail. Les principaux sont ceux de l'empereur Frédéric III et du prince Eugène de Savoie. Le maître-autel est tout en argent. Cette église est digne d'être la cathédrale d'une ville de si haute importance. Sa fondation remonte à l'an 1144.

L'ÉGLISE DES CAPUCINS.

Cette église ne mérite nullement d'être visitée ; seulement, ce que le voyageur ne peut s'empêcher de voir dans ce couvent, c'est la chapelle de Notre-Dame-de-Lorette, qui renferme les cœurs des princes de la famille impériale, dont les corps embaumés se trouvent dans le caveau de ce couvent. Les tombeaux sont au nombre de quatre-vingt-treize, tous en bronze massif et ornés de sculptures. Le tombeau de Marie-Thérèse et de son mari François de Lorraine, a coûté 1,250,000 francs. Il est fort beau et richement sculpté. On remarque aussi les quatre tombeaux des quatre femmes de François Ier. Le magnifique tombeau du duc de Reichstadt mérite d'être minutieusement observé. Dans l'église, j'ai admiré un des meilleurs ouvrages de Canova ; c'est le monument élevé par le prince Albert de Saxe-Teschen, à l'archiduchesse Christine son épouse, avec cette inscription : « UXORI OPTIMÆ. »

Le tombeau de François Ier est le plus beau monument de ce caveau. Il est entièrement de bronze massif argenté, avec bas-reliefs; il a coûté 2,500,000 francs.

Outre l'église des Jésuites, qui contient le monument de Schwarzenberh, exécuté par Thorwaldsen, nous avons encore visité les églises de Saint-Pierre, de Saint-Charles et celle des Augustins, qui méritent l'attention du voyageur. L'église écossaise renferme le tombeau du comte Stahrenberg qui, en 1685, défendit Vienne contre les Turcs. Il y a aussi à Vienne des églises du culte russe, grec et protestant, ainsi que deux synagogues.

PALAIS IMPÉRIAL OU BURG.

Ce palais, où demeure la famille impériale, n'est pas un édifice régulier, étant composé de plusieurs bâtiments construits à différentes époques. L'extérieur de ce palais est loin d'être brillant, et on ne peut guère le comparer à aucun palais de son genre en Europe; mais l'intérieur est remarquable par sa richesse et son élégance. De magnifiques tables en lapis lazzuli, de beaux lustres de cristaux, des glaces d'une grandeur extraordinaire, de superbes tapisseries, embellissent les majestueux salons de ce palais. Il y a aussi deux chapelles : l'une est dans le vieux Burg, où la famille impériale assise au service divin. Elle fut bâtie par l'empereur Frédéric IV, l'an 1548 ; l'autre, petite chapelle, n'est ouverte que dans des occasions extrà-solennelles.

TRÉSOR IMPÉRIAL.

Ce magnifique cabinet se trouve dans le palais impérial même. On y remarque principalement le grand diamant, un des plus beaux du monde, appelé *Diamant Florentin*. Il appartint d'abord à Charles-le-Téméraire, qui le perdit à la bataille de Grantson, où il fut trouvé dans le camp par un soldat suisse qui le vendit cinq florins à un paysan de Genève, après quoi il passa d'un propriétaire à un autre, et trouva enfin place au trésor de Florence, d'où il fut transporté à Vienne par l'empereur François Ier. Ce beau diamant pèse cent trente-neuf carats et demi. Il est estimé 4,000,000 de francs. Il y en a aussi un d'une grandeur extraordinaire, acheté par l'empereur François à Francfort-sur-le-Mein, en 1764. Ce souverain a aussi enrichi ce trésor d'une garniture complète de boutons pour un habit impérial. Chaque bouton est formé d'un seul diamant. Cette garniture a été estimée 650,000 francs. Tous les diamants de la couronne, les ordres et une foule d'objets également garnis de pierres précieuses, sont renfermés dans ce merveilleux trésor.

Je ne puis omettre que j'ai aussi vu une magnifique horloge présentée par le Landgrave de Hesse à Marie-Thérèse, le jour de son mariage avec François de Lorraine; chaque fois qu'elle sonne, les portraits de l'empereur, de l'impératrice, du landgrave et d'autres personnages se présentent.

MANÉGE IMPÉRIAL.

Il fut construit par l'empereur Charles VI, en 1729, d'après le dessin du célèbre architecte Fisher d'Erlach.

On le considère comme le plus beau manége d'Europe. C'est un immense édifice formant un grand carré. Dans ce même bâtiment il y a les écuries impériales, où je vis plus de cinq cents beaux chevaux des meilleures races. La propreté qui y règne est vraiment louable, et il est difficile de s'en faire une idée avant de l'avoir vue.

Nous visitâmes ensuite les remises, où il y a plus de trois cents belles voitures. Dans ce nombre figurent celles de gala, de toute la famille impériale, celles de la cour, pour deuil, et toutes les grandes cérémonies.

PALAIS.

Parmi les palais qui nous ont émerveillés, je citerai ceux du comte Esterhazy, du prince Metternich, Auerberg et du comte Stahrenberg, lesquels sont, sans conteste, d'un luxe royal; je mentionnerai particulièrement celui du prince Lichtenstein, qu'aucun voyageur sous aucun prétexte, ne peut se dispenser de visiter ; il est meublé avec une splendeur, une richesse incroyables ; l'escalier est tout de marbre blanc, et on le regarde comme le plus beau de Vienne.

MUSÉE.

Dans le landstrosse est le Belvédère que fit élever le prince Eugène de Savoie. C'est là que sont renfermées les collections des Musées Impériaux. Au rez-de-chaussée nous avons admiré un grand nombre d'armures du moyen-âge, d'objets d'art en ivoire et en métaux précieux, provenant du château d'Ambras, dans le Tyrol. Les étages supérieurs sont consacrés aux différentes écoles de peinture. Nous avons ensuite visité les Hôpitaux, l'Institut des sourds et muets, dont les examens nous ont vivement intéressés ; le Musée d'histoire naturelle, fort curieux et fort riche, mais surtout le cabinet de minéralogie, le plus vaste de l'Europe, et qui, en son genre, est une véritable merveille d'ordre et de richesse.

Nous visitâmes ensuite la belle fabrique impériale de porcelaine, l'Institut Polytechnique, le Musée Egyptien, le Musée de peinture, le Cabinet d'Anatomie, celui de Physique et l'Institut Technique, établissements qui méritent vraiment d'être visités avec attention, et que, par conséquent, on ne saurait se dispenser de voir.

ARSENAL MILITAIRE.

Cet arsenal, que nous avons été admis à parcourir, renferme la fameuse chaîne de Kara Mustafa, laquelle a servi pour empêcher les vaisseaux turcs de traverser le Danube. Elle est d'une longueur considérable: 2,275 pieds. On l'a placée à l'entrée de la grande cour.

Il y a dans ce même arsenal plus de 100,000 fusils, un nombre très-important de bouches à feu de tous calibres. Il y a aussi les armures de plusieurs empereurs autrichiens, ainsi que des drapeaux enlevés aux Français à la bataille de Leipzig. Il y a aussi plusieurs armures qui ont appartenu à des hommes célèbres de l'empire, ainsi que beaucoup de médailles recueillies sur le champ de bataille, et dont quelques-unes ont appartenu à l'empereur Napoléon et à ses généraux.

Cette collection d'armes est considérée comme une des premières de l'Europe, tant pour sa richesse que pour sa variété et ses vastes proportions.

ARSENAL CIVIL.

Je ne puis omettre d'écrire ce que j'ai vu dans ce bel édifice, qui mérite vraiment d'être visité. Il est d'une grandeur régulière, et riche en armures des anciens guerriers de toutes les époques, et en drapeaux enlevés à l'ennemi dans les principales batailles de l'empire. On y voit le crâne du grand vizir Kara-Mustafa, qui fut étranglé par ordre de son sultan pour avoir été dans la nécessité de lever le siége de Vienne devant les armes victorieuses de l'intrépide Sobieski, accouru pour défendre cette ville assiégée par les Turcs. Le cordon de soie avec lequel il a été étranglé est placé tout près de la tête.

HOTEL DES INVALIDES.

Ce magnifique établissement est considéré comme un des plus beaux édifices de Vienne. On y remarque une très-grande salle, où il y a deux ravissants tableaux que j'ai admirés avec une grande attention, peints par le célèbre Kraft; l'un représente les conférences de l'empereur Alexandre Ier de Russie avec l'empereur François d'Autriche, entourés de plusieurs de leurs généraux. L'autre représente la célèbre bataille d'Essling, en 1809, gagnée par les Français sous le commandement de Napoléon, un des plus grands génies militaires des temps modernes. Plusieurs drapeaux, enlevés par les Autrichiens dans différents combats, figurent dans ces salles.

L'ÉCOLE VÉTÉRINAIRE.

Cet établissement, situé à peu de distance du précédent, n'est remarquable que par sa riche collection d'animaux empaillés, qui servent aux études des jeunes élèves.

Vienne possède plusieurs belles places publiques, dont la principale et la plus régulière est celle du Hof (la Cour), ainsi appelée parce qu'anciennement les margraves d'Autriche y résidaient. Cette place est ornée, au centre, d'une belle colonne en bronze, et d'une statue représentant la Vierge, qui foule un dragon sous ses pieds. Après la place de Hof, je ne dois pas oublier celle du Graben, au milieu de laquelle on voit une colonne avec une statue de marbre représentant la Trinité. Elle fut érigée par l'empereur Léopold Ier, en 1693.

La place Saint-Joseph, construite en l'honneur de Joseph II, est embellie par une statue équestre de cet empereur.

Le Graben et la rue de Carynthie sont les endroits les plus fréquentés de la ville; mais la promenade par excellence, c'est le Prater, qui attire la plus haute société viennoise; c'est à la fois les Champs-Elysées et le bois de Boulogne de la capitale de l'Autriche.

THÉATRES.

Les principaux théâtres de Vienne sont : le théâtre Impérial et celui de l'Opéra. Ceux de Josephstadt et de Léopoldstadt sont inférieurs et méritent peu d'être visités.

ENVIRONS DE VIENNE.

Les environs de Vienne sont charmants. Je citerai avant tout le château de Schœnbrun (belle source), qui joue un grand rôle dans l'histoire de Marie-Thérèse et de Napoléon. C'est avec délice que nous en avons parcouru les magnifiques jardins. C'est dans ce château que fut élevée Marie-Antoinette, qui périt en France sous la hache révolutionnaire; c'est à Schœnbrun que le fanatique Staps voulut tuer Napoléon pendant une revue.

Ce château est colossal; il renferme 1,400 chambres. C'est là que se rend ordinairement la famille royale pour y passer la belle saison. Aucun voyageur ne devrait visiter Vienne sans voir cette superbe résidence.

Derrière le parc impérial , il y a le Jardin botanique, que nous vîmes. Il est très-riche en plantes indigènes et exotiques.

A peu de distance de ce jardin, se trouve le Jardin zoologique, fort vaste, et qui renferme presque toute espèce d'animaux. La propreté et l'élégance y laissent beaucoup à désirer.

PESTH ET BUDE.

Une fois à Vienne, nous eûmes la curiosité de visiter Pesth, la capitale de la Hongrie. Des deux moyens de transport qui sont à la disposition du voyageur, le Danube et le chemin de fer, nous donnâmes la préférence au second. Le 7 août 1855 , nous partîmes de Vienne à six heures et demie du soir, et le lendemain matin , à sept heures, nos regards s'arrêtaient sur les deux villes : Bude et Pesth. Bude, en allemand Ofen, est la capitale officielle de la Hongrie. Pesth est beaucoup plus moderne. Bien que nouvelle venue , elle a su s'emparer de toute l'influence et de toute l'importance. L'histoire de ces deux villes est étroitement liée. Bude s'élève sur la rive droite , Pesth sur la gauche. Pesth renferme un Hôtel des Invalides, une Bourse, un Musée de tableaux , et de belles promenades sur le bord du Danube , une Université qu'elle a enlevée à Bude en 1782, une Ecole nationale , un Cabinet d'histoire naturelle et un Jardin botanique. Bude et Pesth communiquent entre elles par un pont superbe sur le Danube, appelé le pont Rothschild , de 500 mètres de longueur , et dont la construction a duré neuf ans. Pesth est une jolie ville, la plus riche , la plus commerçante, la plus industrieuse de la Hongrie.

Le lendemain , nous retournâmes à Vienne par le chemin de fer.

PRAGUE.

Nous quittâmes Vienne le 12 août , à sept heures du soir, et le 13, à neuf heures et demie du matin, nous entrions dans la capitale de la Bohême. Prague est une ville très-considérable ; elle est située presque au centre de la Bohême. De quelque point élevé que l'on contemple Prague. avec ses nombreuses tours, ses clochers et ses masses d'édifices, cette ville, traversée par la Moldau, offre un coup-d'œil imposant. Pendant les 43 ans qu'y régna l'empereur François Iᵉʳ, décédé le 2 mars 1833, la prospérité de Prague s'est considérablement accrue. La Moldau forme dans son cours, en dedans et en dehors de la ville, plusieurs îles qui contribuent beaucoup à la beauté du coup-d'œil et à l'agrément des habitants. D'abord l'île des Teinturiers, où se trouve un vaste et superbe bâtiment destiné à un restaurant, à des bals, à des concerts et à d'autres amusements. Nous allâmes ensuite voir l'île des Arquebusiers, autrement dit la Petite-Venise, au-dessous de l'île des Teinturiers. La plus grande île de la Maldau, située au-dessous de la ville, est la Grande-Venise, on y trouve une jolie salle où le peuple va danser en été et en automne. Il y a trois ponts sur la Moldau, mais l'un d'eux, construit par Charles IV, se distingue des autres par sa solidité et son élégance. Il est long de 1,790 pieds, et remarquable par les 28 statues de saints qui le décorent des deux côtés, et par les 16 arches colossales qui le soutiennent. Les deux statues qui intéressent le plus les passants, sont le Crucifix de métal fait à Dresde, et la statue de saint Jean-Népomucène, laquelle pèse 20 quintaux et a coûté 7,000 florins. Je ne parle pas des fortifications qui entourent Prague de tous côtés; chacun sait que cette ville fut fortifiée dans les temps les plus reculés, et qu'elle a soutenu plusieurs siéges.

LA VIEILLE VILLE.

Ce premier quartier de la ville, dont le terrain est plat, renferme des places et des rues presque toutes irrégulières. La plupart des rues sont petites et étroites, mais elles sont très-animées par le commerce et l'industrie. C'est dans cette partie de la ville qu'on trouve la grande place, près de l'Hôtel-de-Ville, entourée de maisons considérables. Sur cette place

s'élève la statue de la Vierge placée sur une haute colonn ,
et érigée par l'empereur Ferdinand III, en commémoration
de l'évacuation de la ville par les Suédois.

L'Hôtel-de-Ville, bâti au XIV° siècle, est remarquable par
la magnifique salle du sénat, et l'horloge italienne faite en
1470. L'église de Tein , qui joue un si grand rôle dans l'histoire primitive de la Bohême est également à voir.

LE PULVERSTHURM.

Cette belle construction gothique, bâtie en 1475, était anciennement consacrée à un dépôt de poudre. Près de cet édifice est le musée d'histoire naturelle; quoique peu riche, il
est cependant bien tenu et digne d'appartenir à la capitale de
la Bohême. Dans ce même bâtiment existe le cabinet de minéralogie , assez bien fourni, ainsi que deux grandes salles
pleines d'armes anciennes, arrangées d'une façon très-ré-
gulière.

Je passe sous silence une foule d'églises, plus ou moins
remarquables par des monuments qui rappellent bien des
souvenirs historiques.

Le théâtre , assez beau pour Prague, fut bâti en 1781 , par
le comte Ant. de Nostiz.

LA NOUVELLE VILLE.

Ce second quartier, dont Charles IV posa la première pierre
en 1348, a des places et des rues qui se distinguent par une
grande régularité.

Les rues de la nouvelle ville sont beaucoup plus larges que
celles de l'ancienne, mais les maisons y sont en général plus
basses, et de grands jardins y occupent une surface considérable. C'est là que se trouvent la plupart des hôpitaux et
autres institutions de bienfaisance.

Le Graben , qui forme la limite entre la vieille et la nouvelle
ville, est l'une des plus belles rues de Prague. Le Rossmarket,
où l'on remarque de belles et grandes maisons, est une place

ornée de fontaines ; la statue équestre de Saint Venceslas 1er s'élève au milieu.

L'hôpital militaire, jadis collége des Jésuites, occupe une grande partie du côté gauche du marché au bétail.

LE PETIT COTÉ OU KLEIN SEITE.

Le petit côté ou troisième quartier, est situé sur la rive gauche de la Moldau. Cette partie de la ville renferme de beaux palais et de hautes maisons d'une architecture moderne. On y trouve l'église Saint-Nicolas, dont l'extérieur est imposant par son grand portail et sa haute coupole ; le marbre et les dorures, les statues et les colonnes abondent dans l'intérieur.

L'église de l'Ordre de Malte, intéressante par son antiquité, fut fondée par Wladislas Ier, en 1156. L'église de Saint-Thomas, qui possède un *Saint-Augustin*, de Rubens ; c'est dans son pourtour qu'on voit le tombeau d'Elisabeth Weston, née à Londres en 1582, et célèbre par ses poésies latines. L'église de Saint-Joseph, celle de Maria-di-Victoria, et enfin, près de la Moldau, l'arsenal de l'artillerie avec ses ateliers.

HRADSHIN.

C'est dans ce quatrième quartier, le plus élevé de la ville, que sont situés : le Palais Impérial, l'Archevêché, le Chapitre métropolitain, l'Abbaye des Prémontrés au Strahon, diverses communautés religieuses et plusieurs autres palais.

La résidence des souverains fut fondée par Charles IV, en 1333. Son étendue, sa situation et son architecture en font un des plus beaux séjours. Les cours sont spacieuses, et le portail est d'un caractère imposant. Les statues, la voûte, dont les proportions sont fort belles, offrent des chefs-d'œuvre d'architecture. Les appartements que nous avons visités, pré-présentent un ameublement simple, moderne et de bon goût.

La grande salle de Wladislas, destinée aux cérémonies de la cour, et la salle espagnole, méritent l'attention des étrangers.

C'est dans les environs du palais qu'on a fait de nouvelles promenades d'un merveilleux goût et d'une grande étendue, sous le nom de *Volksgarten*, d'où l'on jouit d'une des plus magnifiques vues de la ville et de la Moldau.

L'église de Saint-Guz fut bâtie au XIVe siècle par l'empereur Charles IV, et l'on y travailla quarante ans sans l'achever. C'est un des plus beaux monuments de la magnificence du XIVe siècle en Bohême. Elle est jointe au château impérial. C'est dans la nef de cette église qu'on remarque l'admirable tombeau en marbre blanc des souverains de la Bohême, érigé par ordre de Rodolphe II, au-dessus du caveau royal où reposent Charles IV, à côté de ses quatre femmes; Venceslas IV, Ladislas, Georges de Podiébrad, Ferdinand Ier et Maximilien II, dont les portraits sont sculptés sur les côtés du mausolée.

L'église et les chapelles latérales sont remplies de pierres sépulcrales des princes et des grands hommes de la Bohême. La chapelle la plus remarquable est celle de Saint Venceslas, laquelle abonde en reliques, en objets d'art et en antiquités. La chapelle où l'on couronnait anciennement les rois de Bohême, est vraiment un spécimen de son siècle; elle mérite d'être minutieusement visitée, ainsi que la chapelle Saint-Jean-Népomucène, et son tombeau tout d'argent massif, lequel pèse 37 quintaux. Le maître qui fit ce chef-d'œuvre eut en récompense 230,000 francs.

Nous allâmes voir ensuite le trésor de la cathédrale, à quelques pas de distance, où l'on remarque une masse de cadeaux faits à cette église par les principales familles du pays, et surtout un saint ciboire précieux comme valeur, mais fort laid de forme, où brillent 6,440 diamants d'une grandeur ordinaire; on l'a évalué à 8,000,000 de francs. La chapelle de Sainte-Marie-de-Lorette, située dans le même édifice, est très-curieuse à voir, et par sa position, et par les nombreux dons et *ex-voto* qu'y vont sans cesse déposer les fidèles du pays.

A côté du château impérial, et sur la place du Hradshin,

se trouve le palais archiépiscopal, d'un style ancien, mais noble. En face de l'archevêché, on voit l'ancien et le nouveau palais des princes de Schwarzenberg.

ÉTABLISSEMENTS D'INSTRUCTION PUBLIQUE.

Ces établissements sont fort nombreux à Prague, et à leur tête se trouve l'université la plus ancienne de l'Allemagne, car elle fut fondée par l'empereur Charles IV, en 1348. Viennent ensuite les gymnases impériaux, l'école polytechnique des états de Bohême, l'école impériale modèle, les écoles allemandes, sans compter celles des protestants et des juifs.

ÉCOLES DES ARTS.

Ce sont l'académie de dessin, le conservatoire de musique fondé en 1810, l'école pour les orgues et pour la musique d'église, l'institut musical ; des entreprises privées très-florissantes, et enfin l'école de natation pour les militaires.

DRESDE.

Deux jours nous suffirent pour visiter toutes les curiosités de Prague ; après quoi, le 14 août, à sept heures du matin, nous partîmes pour Dresde, où nous arrivâmes le même jour, à quatre heures et demie du soir.

De Prague à Aussig nous fîmes le trajet en chemin de fer, et nous nous rendîmes d'Aussig à Dresde sur un des petits vapeurs qui descendent et remontent l'Elbe.

Dresde, capitale de la Saxe, est située sur l'Elbe, qui la partage en vieille et nouvelle ville.

Cette ville n'offre rien de bien saillant quand on l'examine en détail, car ses rues n'ont rien de beau et ses vieux édifices n'ont rien d'imposant ; mais les environs en sont délicieux.

Les musées de Dresde ne sont ouverts au public que depuis avril jusqu'à octobre seulement, et l'on n'y est admis qu'avec des billets, à certains jours déterminés et à des heures fixées.

ÉDIFICES ET MONUMENTS.

Le vieux pont de Dresde est en son genre l'une des plus belles constructions de l'Allemagne, et qui offre une vue admirable de la ville et du bassin de l'Elbe. La forme qu'on lui voit aujourd'hui ne date que du règne d'Auguste II. Il se compose de 16 arches ; sa longueur, entre les culées, est de 1,380 pieds, et sa largeur de 72. Il est destiné à relier les différentes lignes du chemin de fer dont Dresde est le centre.

Le Pont-Neuf fut commencé en 1847, d'après les dessins de l'architecte Hohse, sous la direction de Frederick et de Zumple. Il fut terminé en 1851. Il l'emporte sur le pont vieux par la solidité de sa construction. Il mesure 1,452 pieds de long sur 40 de large.

L'église de Notre-Dame est un superbe édifice qui s'élève majestueusement au fond de Neumarkt ; elle fut commencée en 1726 sur les dessins du fameux Bahn, maître charpentier de la ville. La nouvelle basilique ne fut terminée qu'en 1743, et les frais de construction sont évalués à environ 1,800,000 francs. La construction en est si solide que, pendant la guerre de Sept-Ans, le bombardement, fait par Frédérick-le-Grand, qui assiégeait la ville, ne pût l'endommager.

L'intérieur de cette église frappe par sa noble simplicité et par sa mâle structure ; elle est éclairée par des fenêtres pratiquées dans le mur du soubassement de la voûte.

L'orgue, qui est un chef-d'œuvre de Silberman, se compose de 3 claviers, de 44 registres et d'environ 4,000 tuyaux.

L'ÉGLISE CATHOLIQUE.

Ce chef-d'œuvre d'architecture a été bâti d'après le plan de Chiavici, architecte italien, sous le règne de Frédéric-Auguste II. Commencé en 1733, il ne fut terminé qu'en 1756.

La tour qui s'élève au-dessus du portique a 294 pieds depuis la base jusqu'au faîte, et présente trois étages superposés, soutenus par des colonnes d'une admirable légèreté, entre lesquelles est pratiqué un escalier en pierre qui conduit jusqu'au sommet. L'intérieur répond, par l'élégante simplicité de sa décoration et de ses ornements, à la majesté du culte auquel ce temple est dédié. Le plan est un ovale presque parfait, formant une nef principale et deux latérales, lesquelles sont terminées, à droite et à gauche du maître-autel, par des loges vitrées à l'usage de la famille royale.

La chapelle Saint-Jean Népomucène est ornée d'un tableau représentant ce confesseur au moment où on le retire de la Moldau. La belle statue de Saint-Jean-Baptiste, dans la chapelle de Saint-François-Xavier, ainsi que celle de Sainte-Madeleine, dans la chapelle de Saint-Rems, sont de Bernini.

Un escalier conduit de l'église dans les parties souterraines de l'édifice, où se trouve le caveau de la famille royale. Une clarté incertaine y pénètre par des embrasures placées en forme de soupiraux.

Cette église est, le dimanche et les jours de fête, le rendez-vous des pécheurs et des pécheresses qui ont l'air d'y venir dire toute autre chose que les psaumes de David.

Les autres églises ou chapelles chrétiennes de la ville ne possèdent vraiment rien de remarquable.

LA TERRASSE DE BRUEHL.

On y arrive par un escalier qui commence à la tête du pont sur la rive gauche de l'Elbe. La vue y est ravissante. C'est, avec raison, la promenade favorite des habitants.

Au palais de Brüehl, contigu à la Terrasse, se trouve l'académie des Beaux-Arts, qui renferme une exposition de peinture des artistes vivants.

LE PALAIS ROYAL.

Vis-à-vis le pont est un ancien édifice d'une architecture assez lourde à l'extérieur. Certes, on a de la peine à croire que ce soit là la demeure d'un roi. L'intérieur présente, en revanche, par ses cours et ses tourelles, ses galeries multipliées et par la quantité innombrable de ses belles salles, tout le caractère des anciennes résidences princières. Les appartements du

roi sont ornés d'une quantité de tableaux des meilleurs maîtres. La chapelle du château possède plusieurs tableaux de
prix ; on y remarque entre autres un *Ecce Homo* et la *Vierge
avec l'Enfant-Jésus*, de Guido Reni. Les salles d'audience
sont vraiment d'un bel effet.

LA VOUTE VERTE OU GRUNE GERVOLBE.

Cette immense collection de pierreries, de perles, d'ouvrages en or, en argent et en ivoire, se conserve dans huit pièces
situées au rez-de-chaussée du Château-Royal. Ce Musée tire
probablement son nom de la couleur de la salle dans laquelle
ces précieux objets furent d'abord déposés par l'électeur
Auguste. J'énoncerai seulement la nature des objets exposés
dans chaque salle, car il serait beaucoup trop long de les
détailler.

La première salle renferme plusieurs bustes et statues
équestres.

La seconde contient une riche collection d'objets en ivoire
faits d'une seule pièce.

La troisième est consacrée aux mosaïques, aux coquillages,
aux coraux, aux nacres de perle, à l'ambre et à l'émail.

La quatrième contient des vases en or et en argent, des
ouvrages en filigrane et en rubis, ainsi qu'une nombreuse
vaisselle d'emboutis.

La cinquième salle renferme une magnifique collection de
pierres précieuses, de cristaux de roche et d'ouvrages ciselés.

La sixième contient une riche collection de perles et de
magnifiques ouvrages sculptés sur ivoire et sur bois.

La septième renferme les ornements qui ont servi au couronnement des rois de Pologne.

La huitième salle, enfin, offre les objets les plus brillants
et les plus précieux de tout le Musée.

GALERIE DE TABLEAUX.

La galerie de tableaux, tout le monde le sait, est la plus
belle, la plus riche de l'Allemagne. Auguste II en est le fon-

dateur. Auguste III l'enrichit considérablement par l'achat de la collection du duc de Modène, et de la fameuse *Madone de San Sisto*, par Raphaël. Lors de la prise de Dresde, Frédéric-le-Grand et Napoléon lui-même, respectèrent religieusement cette admirable collection.

Aucune galerie, en Italie, ne renferme un plus beau tableau de Raphaël que la *Madone* dont je viens de parler, qui est la perle de la galerie de Dresde. Après Parme, les plus précieux tableaux du Corrège, en Europe, se trouvent également à Dresde. Je n'ai pas besoin de dire que cette collection est riche en œuvres des rois de la peinture, comme le Titien, Paul Véronèse, Annibal Carrache, Guido, Vandyck, Murillo, Rembrandt et Rubens.

LE ZWINGER.

Cet édifice fut érigé en 1771. Le corps de bâtiment est aujourd'hui occupé par les collections suivantes :

Le Musée historique;

Le Muséum d'histoire naturelle;

Le cabinet des dessins et des gravures.

MUSÉE HISTORIQUE.

Ce Musée, disposé dans le côté nord du Zwinger, est sans contredit, en son genre, une des plus belles collections de l'Europe. Il contient toutes les armures offensives et défensives de la chevalerie, tous les harnachements et accoutrements des tournois et des autres divertissements martiaux des siècles de la féodalité. La valeur des matériaux et le fini de l'exécution des différentes armures excitaient à chaque pas notre admiration. La galerie des tournois est ornée des armes et des armures de parade (rangées selon l'ordre des temps), dont on faisait usage dans les joutes et les tournois à l'époque de la chevalerie. Dans la collection des épées, se trouve une vieille lame qui porte la date de 1293, et sur laquelle on lit ces mots français : « *Espoir en Dieu.* »

Une autre pièce renferme toutes les armes à feu depuis leur invention en Europe.

Dans la dernière salle on voit une selle en velours ayant appartenu à Napoléon, ainsi que les bottes qu'il portait à la bataille de Dresde et les souliers de satin qu'il avait lors de son couronnement.

MUSÉE D'HISTOIRE NATURELLE.

Il occupe le rez-de-chaussée d'un côté du Zwinger. Cette collection est loin de pouvoir se comparer à toutes les autres qu'on rencontre dans les principales capitales de l'Europe ; je dirai même qu'elle est entretenue avec peu d'ordre pour ne pas dire avec négligence.

Les échantillons des minéraux de la Saxe sont au contraire très-complets, tels que ceux d'argent, de cobalt, de plomb et de fer, mais surtout ceux de Freiberg et du Erzgebirge.

CABINET DES GRAVURES SUR CUIVRE.

Ce cabinet renferme, en ce genre, une des collections les plus complètes pour tout ce qui intéresse l'histoire de l'art et le talent de l'exécution. La gravure la plus ancienne date de 1466. La collection entière comprend 300,000 gravures.

PALAIS JAPONAIS.

Il est situé dans le Neustadt, sur la rive droite de l'Elbe. Auguste II le fit construire pour sa résidence d'été. Il renferme les collections qui suivent :

1° Le Musée des antiques ;
2° La Bibliothèque ;
3° La collection des vases en porcelaine.

MUSÉE DES ANTIQUES.

Ce Musée est au rez-de-chaussée, à l'entrée. Sa collection offre une foule d'objets d'un haut intérêt sous le rapport de l'art et de l'antiquité. Il y a en tout huit salles bien remplies.

BIBLIOTHÈQUE.

Elle est située au premier étage du palais Japonais et contient environ 300,000 volumes, 2.800 manuscrits et une volumineuse collection de cartes.

Il y a à peu près 2,000 ouvrages imprimés au début de l'imprimerie, c'est-à-dire depuis son invention jusqu'à la fin du XIIIe siècle.

COLLECTION DES VASES EN PORCELAINE.

La collection des vases en porcelaine et en terre cuite, renferme plus de 60,000 pièces de porcelaine ; elle occupe vingt salles, assez mal éclairées, car elles sont au-dessous du rez-de-chaussée. Cette collection contient les produits des fabriques Saxonnes depuis leur apparition ; de plus, une immense quantité de spécimens Chinois et Japonais de vieille date, qui occupent onze pièces. Les vases Japonais sont de dimensions considérables et d'un prix élevé. Les antiquités en pocelaine Chinoise sont fort curieuses. Les jardins qui font partie du palais Japonais sont fort agréables ; ils s'étendent jusqu'aux bords de l'Elbe, d'où la vue est magnifique.

Les statues monumentales qui embellissent Dresde sont celles d'Auguste II, à cheval, dans la nouvelle ville, près de l'extrémité du port ; celle de l'électeur Maurice, sur le boulevard, dans la vieille ville, vis-à-vis l'arsenal ; celle du feu roi Frédéric Auguste, en bronze, au centre du Zwinger.

Près de l'église catholique, on a construit un nouveau théâtre qui peut contenir jusqu'à 2,000 personnes ; c'est un des plus beaux théâtres de l'Allemagne ; mais il faut le dire, les décorations et la distribution de l'intérieur sont loin de répondre à la beauté de l'aspect extérieur.

Les promenades, à Dresde, ne manquent ni dans la ville, ni hors la ville. Outre la terrasse de Brühl, dont j'ai déjà parlé, il y a les jardins du Palais Japonais ; il y a encore un espèce de boulevard qui entoure la ville dans la direction des fortifications qu'on a nivelées ; puis, un autre petit jardin fort agréable et voisin du Zwinger.

Les environs de Dresde sont enchanteurs ; tout le monde a entendu parler de la Suisse Saxonne, dont nous avon admiré quelques parties à bord du Vapeur lorsqu'il descendait l'Elbe.

LEIPZIG.

Après un séjour de six jours à Dresde, nous partîmes pour Leipzig par le chemin de fer, à six heures et demie, et nous y arrivâmes à dix heures du matin.

Leipzig est bâtie sur les petites rivières de la Pleisse et de l'Elster. Hors le temps des foires, Leipzig présente peu d'attraits à l'étranger, car cette ville ne possède aucune collection, ni aucun édifice remarquable pour y fixer l'attention. Leipzig est également célèbre par son université, qui est la plus ancienne de l'Allemagne après celle de Prague.

La bibliothèque de la ville est surtout riche en manuscrits orientaux. L'église de Saint-Nicolas est une des belles églises de la ville ; elle date de 1525.

La place du Grand Marché est pittoresque par l'architecture bizarre de ses édifices, surtout l'Hôtel-de-Ville. C'est sur cette place que se réunirent les souverains alliés après la fameuse bataille de Leipzig. Le Konig-Haus servait de résidence aux vices-rois de Saxe lorsqu'ils visitaient la ville.

Nous avons remarqué l'endroit au pied duquel périt, dans l'Ester, le brave Poniatowsky. Non loin de la rivière, s'élève un modeste monument qui rappelle la mort du héros polonais.

BERLIN.

Après cinq heures de repos à Leipzig, nous partîmes le 21 août à trois heures, par le chemin de fer, pour Berlin, où nous arrivâmes à neuf heures du soir.

Berlin est situé au milieu d'une plaine aride, sans beauté ni fertilité. Malgré tant de désavantages, Berlin est assurément une des plus belles villes de l'Europe. Quelques-uns de ses plus brillants édifices sont concentrés sur l'espace limité qui se trouve entre le Palais-Royal et la porte Brandeubourg.

J'ai admiré la splendeur architecturale du Palais-Royal, la magnifique colonnade du Musée, le Grand Opéra et l'Université qui lui fait face. Tous ces édifices, avec l'Arsenal et l'Académie des Arts, sont à peu de distance l'un de l'autre.

La plupart de ces édifices sont situés dans la rue appelée *Unter den Linden*, à cause d'une double avenue de tilleuls de chaque côté. Cette rue est la principale et la plus fréquentée de la ville. Elle se termine par la magnifique porte Brandenbourg.

Dans les rues et sur les places de Berlin, on rencontre plusieurs statues érigées par les Prussiens à la mémoire de leurs grands hommes, la plupart héros militaires. Le gouvernement a fait élever, en 1851, au plus illustre d'entre eux, Frédéric, immortel fondateur de la monarchie prussienne, une statue équestre, en bronze, modelée par Rauchs. On la voit sur l'*Unter den Linden*, vis-à-vis le palais du prince Guillaume et l'Université. C'est probablement, en son genre, un des plus beaux monuments de l'Europe. Son piédestal est en granit de 25 pieds de haut, représentant, de chaque côté, des groupes en bronze, des commandants militaires dans la guerre de sept ans, à pied et à cheval.

Vis-à-vis du grand corps de garde, s'élève la statue en bronze de Blücher, parfaitement exécutée et pleine d'animation. De chaque côté de ce même corps-de-garde se trouvent les statues en marbre des généraux Bulow et Shanhorst, réformateurs de l'armée prussienne après la bataille de Iéna. Sur la place dite *Place de Guillaume*, près la porte de Potsdam, sont les statues de six héros qui ont figuré dans la guerre de sept ans.

ÉGLISES.

Les églises de Berlin n'attirent pas beaucoup l'attention. La Cathédrale, entre le Palais et la Bourse, construite en 1747, est d'un extérieur assez peu remarquable; l'intérieur n'a nullement l'air d'une église; c'est là que se trouvent les caveaux de la famille royale, L'église de Saint-Nicolas, de style gothique, renferme le tombeau de Puffendorf, fameux écrivain Prussien, qui mourut à Berlin, en 1690.

Les deux églises sur la place des *Gendarmes*, se font admirer par leur architecture. L'église de Sainte-Hedwige est une pauvre imitation du Panthéon. Il y a encore quelques autres églises que je passerai sous silence, si ce n'est celle de Saint-Pierre, nouvellement bâtie, et qui mérite d'être vue.

PALAIS ROYAL.

Le Palais Royal doit son air de grandeur à ses vastes proportions. L'ameublement en est somptueux.

Dans la salle des chevaliers est le trône et un buffet couvert de vaisselle d'or et d'argent massif. La Salle Blanche a été ornée depuis peu, et l'on y a dépensé 500,000 francs. Elle est décorée des statues des douze électeurs de Brandenbourg. Les pièces les plus intéressantes sont celles qu'habita Frédéric-le-Grand ; on a transporté au Musée les meilleurs tableaux qu'elles renfermaient.

Le Musée, vis-à-vis du *Lusk-Garten*, est un bel édifice qui fut terminé en 1830, d'après les plans de l'architecte Schinkel. Devant l'entrée se trouve un bassin gigantesque en granit de 22 pieds de diamètre. Au côté droit de l'escalier, on voit le magnifique groupe en bronze, si connu, représentant le combat d'une amazone contre un tigre, par Kiss, et du côté gauche est un cavalier luttant contre un lion, par Ranch.

Les murs de la belle colonnade sont ornés de fresques exécutées sous la direction de Cornelius. J'ai oublié de dire qu'à l'entrée de ce palais, du côté du Lusk-Garten, la vue est frappée par deux beaux chevaux en bronze avec les écuyers, imitation de ceux de Monte-Cavallo, à Rome ; c'est un cadeau de l'empereur de Russie.

Les collections que renferme le Musée sont au nombre de trois :

1° Les Antiques ;

2° La Galerie de Sculpture ;

3° La Galerie de Tableaux.

La galerie des antiques possède des vases et des bronzes ; les premiers s'élèvent au nombre 1,600. Les bronzes offrent des objets fort curieux relatifs à la guerre et à la religion chez les anciens.

L'entrée de la galerie de sculpture conduit à une grande salle circulaire qui occupe toute la partie de l'étage supérieur de l'édifice.

Ces antiquités se composent surtout de la collection du cardinal Polignac. De ce nombre est un enfant qui prie, une des plus belles statues antiques en bronze qui existent; elle a été trouvée dans le lit du Tibre.

La galerie des tableaux occupe l'étage supérieur du bâtiment. Elle ne peut rivaliser avec celle de Dresde pour les chefs-d'œuvre, mais elle renferme de beaux spécimens d'une foule de maîtres, surtout des premières écoles d'Allemagne et d'Italie. Cette galerie est divisée en 37 compartiments.

Nous avons également visité avec un vif intérêt la collection des antiquités Egyptiennes, qui se trouvaient auparavant au palais de Mont-Bijou; ensuite nous allâmes voir la collection de pierres précieuses et de mosaïques, laquelle vaut bien la peine d'être visitée. Parmi les 2,814 pierres précieuses, il y a des ouvrages de premier ordre.

La bibliothèque royale, qui contient 300,000 volumes et près de 500 manuscrits, mérite de figurer parmi les curiosités que nous avons admirées dans cette ville.

L'Université, fondée en 1809, jouit d'une haute réputation, sous le rapport du talent de ses professeurs et de l'excellent système de discipline qui y règne.

Le musée d'histoire naturelle, se trouve dans l'aile gauche de l'édifice. Cette collection est une des plus étendues de l'Europe, surtout pour l'ornithologie.

L'ARSENAL.

Cet édifice, d'une architecture irréprochable, fut érigé en 1695. Au premier étage, il y a 100,000 armes rangées en faisceaux. Tous les appartements forment une espèce de musée militaire. On y trouve des modèles de toutes les armes, depuis l'invention de la poudre jusqu'aux temps modernes.

On voit suspendus aux murs et aux colonnes plus de 1,000 faisceaux de drapeaux, principalement français, portant les dates et les emblêmes de la grande révolution en 1792. Ils furent capturés à Paris par les prussiens en 1815.

Voici les noms des principaux palais appartenant à des princes; nous en avons visités quelques-uns.

1° Le palais du prince Charles, décoré par Shenkel. Il renferme une collection d'armures choisies et précieuses.

2° Le palais du prince Albert, également décoré par Shenkel. C'est un bel édifice qu'on laisse aussi voir aux étrangers.

3° Le palais du prince de Prusse, frère du roi, est situé dans l'*Unter den Linden*, tout près de la bibliothèque. Il contient des appartements très-remarquables, et qui ne manquent pas d'élégance.

4° Le palais du prince Raczynski, en dehors de la porte Brandeubourg, renferme une galerie de tableaux composée de spécimens de l'art moderne allemand.

THÉATRES.

L'opéra italien, construit en 1845, après un incendie, est un bâtiment d'un très-bel aspect. L'intérieur, où règne beaucoup de luxe, répond à l'extérieur. On y représente des opéras allemands. Il peut contenir plus de 2,000 spectateurs. Nous assistâmes à plusieurs opéras-ballets représentés avec beaucoup de luxe et d'éclat.

Le nouveau théâtre, construit par Schenkel en 1819, est situé sur la place des *Gendarmes;* l'extérieur en est d'un assez bel aspect. Contiguë se trouve une salle de concert, qui peut contenir 1,200 personnes. Dans cette même salle, l'hiver, on donne des bals auxquels le roi et la famille royale assistent fort souvent.

Les jardins d'hiver sont de brillants établissements populaires; le meilleur, en ce genre, est celui du Kroll ou Thiergarten. Nous avons visité quelques environs de Berlin fort intéressants.

D'abord la place de la Belle Alliance, où s'élève le *Friedens Denkmal*, colonne de granit surmontée d'une statue de la *Victoire,* par Rauch, érigée en 1840, en commémoration de la paix.

Puis le *Krenzberg* , sur un monticule , seule éminence dans le voisinage de Berlin. Son nom lui vient d'une croix gothique de fer fondu , de 160 pieds de hauteur, qui s'élève sur son sommet, appelée *Volks Denkmal* (monument du peuple), érigée par le feu roi, en souvenir de la libération du pays par les Français.

Enfin *Charlottenburg* , lieu de résidence de la noblesse prussienne, et en même temps la promenade favorite du peuple prussien.

Le seul objet intéressant, au fond du jardin royal, est le monument de Louise, reine de Prusse. Elle est enterrée dans ce petit temple d'ordre dorique. Le feu roi y est enterré aussi à côté de la reine. Les statues placées sur le tombeau ont été sculptées par le célèbre Rauch , et sont , il faut l'avouer, d'une exécution parfaite.

Le Jardin Zoologique, à peu de distance du précédent, est fort intéressant, bien organisé, et riche en toute espèce d'animaux.

POTSDAM.

Il ne nous était guère possible de quitter Berlin sans jeter un coup-d'œil sur les demeures royales suivantes, lesquelles se trouvent à peu de distance de la capitale ; le chemin de fer nous y transporta en quelques instants.

Potsdam est le Versailles prussien ; il doit sa splendeur à Frédéric-le-Grand. Ce petit village peut être appelé une ville de palais, non-seulement pour les quatre palais royaux qui y sont , mais à cause d'une foule d'habitations particulières qui, sous le rapport de l'architecture , se rapprochent beaucoup de plusieurs édifices célèbres.

Les principales curiosités de ce petit Versailles sont : l'église de la garnison , où Frédéric-le-Grand a été enterré. Autour des murs de l'église, il y a des plaques de marbre portant les noms des braves soldats qui se distinguèrent dans la guerre de l'indépendance et y trouvèrent une mort glorieuse.

Près du long pont qui conduit à la ville, est le *Lustgarten*, contigu au palais royal, ne renfermant rien de curieux, si ce n'est les appartements de Frédéric-le-Grand, lesquels sont encore tels qu'ils étaient de son vivant. On y remarque seulement, dans les salles principales, son bureau couvert de tâches d'encre, son piano avec les morceaux de musique de sa composition et écrits de sa propre main.

Il ne faut pas oublier de contempler la magnifique vue dont on jouit du haut du Branhausberg, et qui présente l'ensemble de Potsdam avec ses nombreux palais.

SANS-SOUCI.

Après une demi-heure de marche de la ville, on est à Sans-Souci, palais bâti par Frédéric-le-Grand. C'est la demeure du roi actuel, qui n'en a point changé le caractère primitif. Il s'élève sur la plus haute terrasse; c'est un édifice sans grandeur, dépourvu de beauté. A l'extrémité de cette terrasse se trouvent les tombeaux des chiens favoris de Frédéric et du cheval qu'il monta dans plusieurs batailles. Les jardins de ce palais sont ordonnés avec la régularité monotone du genre français, embellis, décorés, comme à l'ordinaire, de haies taillées, de statues de fantaisie, etc.

Les différents points de vue que l'on rencontre en parcourant les jardins de Sans-Souci, offrent parfois un coup-d'œil vraiment enchanteur.

La curieuse salle qui se trouve au rez-de-chaussée du nouveau palais, à deux milles de Potsdam, est construite en forme de grotte, dont les murs sont entièrement tapissés de coquillages et de minéraux de toute espèce, parmi lesquels quelques-uns sont d'un grand prix. Il est à regretter que le gouvernement la laisse se dégrader insensiblement.

HAMBOURG.

Après un séjour de onze jours à Berlin, nous nous décidâmes à quitter cette charmante capitale qu'un étranger n'abandonne jamais sans regret.

Nous partîmes le soir à neuf heures, par le chemin de fer, et le lendemain, à sept heures, nous étions à Hambourg.

Cette ville est, sans contredit, le premier port de commerce de toute l'Allemagne La ville est entrecoupée de canaux qu'on appelle *Pleethen*. Un des objets qui attire principalement l'attention de l'étranger dans les rues de Hambourg, ce sont les paysans des environs de la ville qui ont un habillement fort pittoresque. Un trait caractéristique des usages de Hambourg, que je ne pourrai jamais oublier et que je signale en passant, c'est que les cortèges funèbres ne se composent point des amis du défunt, mais bien des pleureurs à gages, appelés *Reiter Diener*, vêtus de noir, portant une perruque bouclée, et un court manteau à l'espagnole avec l'épée.

Les églises se recommandent peu par la beauté de leur architecture, à l'exception de celle de Saint-Nicolas, noble édifice gothique moderne. On a également reconstruit l'église de Saint-Pierre dans le style gothique; elle est fort haute et ne manque pas d'une certaine beauté. La flèche de l'église Saint-Michel, est une des plus élevées de l'Europe; elle a 456 pieds de hauteur.

La Bourse est un magnifique édifice sur la place Adolphe, et d'un plan très-régulier. A une heure elle présente un coup-d'œil fort animé, à cause de la foule de négociants qui l'inondent.

es deux musées que nous visitâmes à Hambourg, celui de minéralogie et de zoologie, ne méritent, sous aucun rapport la moindre mention.

Les institutions charitables de Hambourg, sont organisées sur une échelle tout-à-fait grandiose; en voici les principales :

L'Asile des Orphelins, où 600 enfants reçoivent leur éducation et apprennent un métier utile.

Le Grand Hôpital (Krankenhaus), est assez vaste pour admettre 5,000 malades.

A une heure de distance de Hambourg, se trouve Altona,

ville du Danemarck, qui occupe le premier rang après Copenhague. C'est là que nous vîmes le trop modeste tombeau du fameux Klopstock, poëte allemand, l'immortel auteur de la *Messiade*, décédé à Hambourg en 1803.

THÉATRES.

Le *Stadt Theater*, où nous assistâmes à une représentation française, est un des plus grands de l'Allemagne. Les ornements y ont été prodigués avec un certain luxe.

Le théâtre *Thalie*, où accourent les classes ouvrières, est renommé par ses pièces comiques.

Hambourg était autrefois une ville fortifiée; aujourd'hui les remparts n'existent plus; on les a nivelés et transformés en délicieux jardins, disposés avec goût : ils entourent une grande partie de la ville et se partagent entre les deux bassins de l'Elbe.

L'*Elbehöhe*, sur l'Altona, à l'extrémité de ces promenades, présente un coup-d'œil charmant de la ville et du fleuve.

Les quais, près du port de Hambourg, toujours rempli de navires de toutes grandeurs, qui y entretiennent un commerce considérable, offrent un spectacle magnifique.

Quant aux environs de Hambourg, je me dispenserai d'en parler, tout le monde sait qu'ils sont très-attrayants.

HANOVRE.

N'ayant plus rien à voir à Hambourg, dont les curiosités sont bientôt épuisées, comme cela arrive ordinairement dans les villes purement commerciales, nous la quittâmes à trois heures de l'après-midi pour nous rendre en voiture à Harbourg, de l'autre côté de l'Elbe, et là, à six heures et demie, nous partîmes par le chemin de fer pour Hanovre, où nous arrivâmes à sept heures et demie du soir.

Hanovre, capitale du royaume de Hanovre, est située sur petite rivière appelée la Leene. Cette ville s'est beaucoup embellie depuis 1837, époque où la cour y a fixé sa résidence.

La vieille ville, quoique triste, attire l'attention par le bizarre et le pittoresque de l'architecture de ses maisons ; en somme, Hanovre ne possède rien qui puisse réellement exciter la curiosité de l'étranger.

Voici pourtant ce que nous avons observé de plus intéressant.

PALAIS ROYAL (SCHLOSS).

Ce palais est un bel édifice dont l'intérieur est meublé et décoré avec assez de somptuosité. Le *Reiter Saal*, est un magnifique appartement où se trouve une riche collection de portraits, parmi lesquels figurent Elisabeth, reine de Bohême, de George I, II, III, IV, de Guillaume IV, de Wellington à cheval, et une foule d'autres tableaux de l'école allemande moderne.

La salle à l'argenterie (Silber Kammer), qui est dans le même palais, renferme une collection très-importante d'antiquités du moyen-âge. Quand même Hanovre ne posséderait d'autres curiosités que cette salle, on ne regretterait jamais de s'être déplacé pour la visiter.

Les plus beaux édifices de Hanovre sont groupés autour de la place appelée *Place Waterloo;* au nord, le château qu'entoure la Leene, au sud, la colonne Waterloo, surmontée de la statue de la Victoire. Vers le nord, brille la statue du général comte Alten ; vis-à-vis est l'arsenal, construit en 1846. A l'ouest, sur un monticule, on voit le buste de Leibnitz.

Dans la vieille ville, le *Rathaus* ou Hôtel-de-Ville, et la *Markskerche*. Vis-à-vis sont les seuls édifices dignes d'être visités.

La bibliothèque royale contient 50,000 volumes ; on y conserve le fauteuil sur lequel s'asseyait Leibnitz pour étudier, et où il mourut.

La galerie de tableaux de *Baurath Haugman* est assez importante.

Le *Mont-Brillant*, à un quart de lieue de la ville, est la résidence d'été du roi actuel ; c'est vraiment un délicieux séjour.

En dernier lieu nous visitâmes les écuries royales qui renferment un nombre considérable de beaux chevaux. Sous ce rapport, le roi de Hanovre dépense des sommes considérables, au sujet desquelles son peuple lui adresse des reproches mérités.

COLOGNE.

Un jour et demi nous suffit pour visiter Hanovre ; aussi, le 31 août 1855, à deux heures et demie du soir, nous partîmes pour Cologne, où nous arrivâmes par le chemin de fer.

Cologne est une ville et une forteresse de la Prusse, sur la rive gauche du Rhin. Le faubourg de cette ville est Deutz, sur la rive droite, qui se rattache à elle par un pont de 59 bateaux, de 1,400 pieds de long. Les objets intéressants que présente Cologne, sont disséminés sur un espace assez étendu ; voici les principaux que nous avons visités.

LA CATHÉDRALE.

La cathédrale attire avant tout l'attention du voyageur. On la commença en 1248, et elle n'est point encore terminée. Le nom de l'architecte n'est pas connu. Ses proportions colossales et sa splendide architecture, inspirent avec raison un sentiment d'admiration. Il est indispensable de parcourir l'enceinte où se trouve la cathédrale pour admirer toute la beauté de sa construction, et bien qu'elle soit inachevée, elle n'en est pas moins magnifique. Lorsqu'elle sera terminée, ce qui paraît assez vraisemblable après un laps de trois siècles et demi, ce sera le spécimen le plus splendide et le plus parfait au monde de l'architecture gothique. Le chœur, s'il était achevé, serait, dans son genre, le monument gothique le plus prodigieux. Autour de ce chœur, près des colonnes, se trouvent quatorze statues colossales des douze apôtres, avec celle de la Vierge et de notre Sauveur.

Dans une petite chapelle, immédiatement derrière le maître-autel, on voit le célèbre reliquaire des trois mages. Sous une

plaque de marbre, entre le maître-autel et la châsse ou reliquaire, est enterré le cœur de Marie de Médicis. On y voit
encore le tombeau de Conrad Hoesteden, fondateur de cette
cathédrale, et celui de Ph. de Heinsberg.

L'ÉGLISE DE SAINT-PIERRE.

Elle possède le fameux crucifiment de ce saint par Rubens,
qui en fit don à cette église, où il fut baptisé.

L'ÉGLISE SAINTE-URSULE.

L'église de Sainte-Ursule et des onze mille Vierges, dont
on peut voir les reliques dans l'enceinte de l'église, fut bâtie
en partie aux XIIᵉ, XIVᵉ et XVᵉ siècles. La sainte dont l'église
porte le nom, y repose dans un cercueil derrière le maître-
autel.

L'ÉGLISE DES JÉSUITES.

L'église des Jésuites, dont les cloches ont été fondues avec
les canons que Tilly prit à Magdebourg, est, comme toutes
les églises érigées par cet ordre, surchargée d'ornements
pompeux en marbre et en sculpture. Elle renferme la crosse
de saint François Xavier et le rosaire de saint Ignace de
Loyola. Les autres édifices curieux que nous avons vus sont
la maison où mourut Marie de Médicis et où naquit Rubens,
et l'église des Apôtres, commencée en 1020 et finie en 1035,
laquelle n'a rien de bien remarquable.

AMSTERDAM.

Le premier août 1855, nous nous hâtâmes d'abandonner
la triste ville de Cologne ; nous descendîmes le Rhin jusqu'à
Arnheim, et de là, nous atteignîmes Amsterdam à dix heures
trois quarts du soir.

Cette principale ville de la Hollande est située au confluent
de la rivière l'Amstel avec un bras du Zuiderzee.

Les différents canaux qui entrecoupent cette ville dans

toutes les directions, la partagent en 95 îles, que traversent 290 ponts environ. On peut dire qu'Amsterdam est une des villes de l'Europe les plus curieuses.

Les principaux édifices que nous avons visités sont :

LE PALAIS ROYAL.

Cet édifice, anciennement le *Stadthuis*, est vaste et imposant. Il est surtout remarquable pour une salle immense qui occupe le centre du bâtiment. Elle a 120 pieds de long sur 56 de large, et jusqu'à 100 de hauteur.

Dans la salle d'audience se trouve un grand et beau tableau par Weppers, représentant *Van Speck* faisant sauter son navire. Du haut de la tour de palais on jouit d'une vue superbe et enchanteresse de cette curieuse ville. Tous ces nombreux canaux, ces moulins, ces digues si renommées, le magnifique spectacle du Zuiderzée, répandent un grand attrait sur Amsterdam et permettent au voyageur de se former une idée exacte de l'ancienne capitale de la Hollande.

Quant aux églises, elles ne présentent guère d'intérêt; la *Oude Kerck* ou Vieille Église, renferme les tombeaux de plusieurs amiraux hollandais. Selon quelques personnes, le magnifique orgue de cette église n'est pas inférieur à celui de Haarlem.

L'Eglise Nouvelle ou *Nieun Kercke,* construite en 1408, est une des plus belles églises de la Hollande. Elle renferme entre autres monuments celui du célèbre amiral Ruyter qui, après avoir gagné plusieurs batailles, alla mourir à Syracuse, en 1676, des blessures qu'il avait reçues dans un combat devant Catane, contre l'amiral français Duquesne. Dans son épitaphe on lit ces trois expressions : « *Immensi tremor Oceani.* » La terreur du vaste Océan.

Il y a aussi le tombeau du capitaine Benlick et du poète Vondel. Le plus beau monument et le plus récent est celui de Van Speck qui, en 1831, se fit sauter avec son vaisseau, je le répète, plutôt que de se rendre aux Belges.

Les juifs, qui forment un dixième de la population d'Ams-

terdam, y ont quatre synagogues, dont la plus belle est assurément celle des Portugais ; elle mérite d'être vue.

LE MUSÉE OU GALERIE DE TABLEAUX.

Cette galerie est vraiment nationale, car elle se compose
presque entièrement d'ouvrages de l'école hollandaise. Parmi
les nombreux chefs-d'œuvre qui frappent d'abord l'attention,
se trouve un tableau par Van der Helst, où l'on voit la milice
d'Amsterdam réunie pour célébrer le traité de Münster,
en 1648.

Amsterdam s'enorgueillit d'un nombre considérable d'institutions charitables, qu'on entretient au moyen de contribu-
tions toutes volontaires.

L'art de tailler le diamant a été longtemps une industrie
entre les mains des juifs de cette ville, et les établissements
actuels de cette nature sont encore leur propriété. Nous avons
été visiter le principal, qui est vraiment très-curieux, et en
même temps fort intéressant pour les personnes étrangères à
ce genre d'industrie. Une centaine d'ouvriers y travaillent.

L'ARSENAL MARITIME.

Nous voulûmes aussi avoir une idée de cet arsenal qui est
le plus important de toute la Hollande. L'on y construit des
navires de guerre pour l'état. Ensuite nous allâmes visiter le
Jardin Zoologique, qui est le plus beau et le plus riche que
nous ayons vu. Il est fort bien organisé et très-bien distribué;
la race des ophidiens y offre une variété infinie, depuis le
spécimen le plus petit jusqu'au plus monstrueux.

BROEK.

Avant de quitter Amsterdam, nous n'avons pas manqué de
nous rendre à Broek. Ce célèbre village est regardé comme
le plus propre au monde, ses habitants, au nombre de 800,
se composent des plus riches négociants et des capitalistes Hollandais.

Ce village, d'une minutieuse propreté, a ses rues pavées en briques, et presque toutes les maisons sont peintes blanc et vert, avec un soin irréprochable. Nous en avons visité quelques-unes dont l'intérieur est assez curieux et surtout remarquable par la merveilleuse propreté qui y règne.

Je puis dire que les étables des vaches brillent d'une propreté tout à fait recherchée, et, sous ce rapport, surpassent toutes celles du monde entier.

Nous avons également visité les fabriques de fromage, où nous avons pu nous rendre compte de tous les détails de ce genre de fabrication.

SAARDAM.

De Broek nous allâmes à Saardam. Cette ville contient 11,000 habitants. Elle est curieuse par l'aspect pittoresque et enchanteur qu'elle offre.

Près de 500 moulins à vent entourent cette charmante petite ville.

Saardam est très-remarquable par la cabane où vécut Pierre-le-Grand, empereur de Russie, en 1696, lorsqu'il travaillait en qualité de charpentier. C'est là que le duc de Marborough le vit travailler comme un simple ouvrier.

L'empereur Alexandre Ier, a fait placer au-dessus de la cheminée une plaque de marbre portant cette inscription : « *Rien* « *n'est trop petit pour un grand homme.* »

Deux heures nous suffirent pour visiter tout ce qu'il y a à voir à Saardam, après quoi nous retournâmes à Amsterdam.

Le trajet d'Amsterdam à Broek et à Saardam se fait en voiture, sur les digues, où à peine deux voitures peuvent marcher de front. L'eau s'aperçoit des deux côtés.

Toute la Hollande est protégée contre les invasions de l'Océan par des digues qui empêchent la mer de couvrir le pays, qui, comme on le sait, est fort au-dessous du niveau de l'Océan.

LEYDEN.

Nous partîmes d'Amsterdam le 7, et par le chemin de fer nous nous rendîmes à Leyden, que nous visitâmes dans l'espace de deux heures. D'abord, l'Université, l'une des plus distinguées de l'Europe, remarquable par les musées intéressants qu'elle renferme. L'architecture de l'édifice n'offre rien de frappant.

MUSÉE D'HISTOIRE NATURELLE.

Ce musée est un des plus riches et des plus vastes de l'Europe, surtout en productions des colonies hollandaises. La collection des oiseaux est peut-être la plus belle et en même temps la plus riche qui existe. Le cabinet d'anatomie comparée n'est pas aussi complet que ceux de plusieurs autres capitales.

Je passe sous silence le cabinet des coquillages et des minéraux, qui renferme une foule d'objets prodigieusement curieux.

MUSÉE ÉGYPTIEN.

Le Musée Egyptien contient de nombreux monuments, d'un haut intérêt, pour tout ce qui concerne les usages et l'histoire de ce peuple de l'antiquité.

La collection japonaise du docteur Siebold, est assurément la plus belle et la plus complète de ce genre. On y trouve tout, depuis les articles les plus ordinaires jusqu'aux plus précieux, relatifs à la vie, aux mœurs et aux coutumes de la nation dont cette collection porte le nom.

Dans l'église de Saint-Pierre nous vîmes le monument du célèbre médecin hollandais Boerhave.

Nous avons encore visité Katwyk, petit village à huit milles de Leyden, situé près du rivage de la mer. C'est là que le Rhin se jette dans l'Océan, au moyen d'un canal formé par de gigantesques écluses. Cette embouchure du Rhin ne présente rien d'intéressant.

LA HAYE.

Nous quittâmes Leyden à quatre heures du soir, et à six heures nous arrivâmes à La Haye, par le chemin de fer.

Tandis que les autres villes de la Hollande doivent leur importance au commerce, celle-ci ne doit la sienne qu'à la résidence de la cour, des états-généraux et des ministres étrangers.

La première chose que nous nous empressâmes d'aller visiter, fut le musée des tableaux.

Cette galerie est presque entièrement consacrée aux ouvrages de l'école hollandaise. Ceux que je n'ai pas manqué d'admirer sont les suivants :

1° *Le Taureau*, peint par Paul Potter, de grandeur naturelle, véritable chef-d'œuvre, qu'on estime à 150,000 francs.

2° *Le Chirurgien*, qui, au milieu de ses élèves, dissèque un cadavre, c'est un des meilleurs ouvrages de Rembrandt.

3° Deux portraits des deux femmes de Rubens, par lui-même.

CABINET ROYAL.

Plusieurs chambres de ce beau et intéressant cabinet renferment toutes les productions et les curieux costumes japonais et chinois apportés des colonies hollandaises.

On y remarque particulièrement une collection choisie de porcelaine fabriquée en Chine et au Japon. Les curiosités du Japon méritent d'autant plus d'attirer l'attention, que l'on sait que les Hollandais, jusque dans ces derniers temps, ont été le seul peuple qui eut le privilège d'aborder au Japon. Mais pour les détailler un peu convenablement, il faudrait entrer dans de longues descriptions qui seraient déplacées dans ce rapide et court résumé. Je me contenterai de dire qu'une de ces pièces est remplie d'armes et d'instruments de toutes sortes, telles que celles dont font usage la plupart des peuplades sauvages dans les différentes parties du globe. Les ouvrages sur ivoire, si nombreux et si délicatement exécutés par les Chinois et les Japonais, excitaient à chaque instant notre attention.

Dans ce même cabinet, j'ai remarqué l'armure complète de l'amiral Ruyter, et les vêtements, tachés de sang, de Guillaume Iᵉʳ, prince d'Orange, qu'il portait le jour où il fut tué, ainsi que la fatale balle qui mit fin à son existence, et les pistolets dont se servit l'assassin pour commettre son crime.

Nous avons encore visité la bibliothèque royale, riche de 100,000 volumes, ainsi que la collection des médailles, au nombre de 35,000 environ.

Le bois, qui a deux milles de longueur, est un magnifique parc où abondent les arbres de haute futaie; l'ombrage délicieux qu'on y rencontre, le caractère varié et accidenté du terrain, en font un lieu de promenade vraiment enchanteur pendant les chaleurs de l'été.

SCHEVENINGEN.

Ce petit village de pêcheurs, à quelques milles de La Haye, est situé près de la mer et ne présente rien d'intéressant; qu'il suffise de dire qu'en été, vers le soir, la population de La Haye s'y rend en foule, en voiture et à pied.

ROTTERDAM.

Nous quittâmes La Haye à la fin du troisième jour, et nous nous rendîmes à Rotterdam, où nous arrivâmes par le chemin de fer, après un trajet d'une heure. Pour l'étendue des opérations commerciales, Rotterdam est la seconde ville de la Hollande.

Il y a bien peu de curiosités à visiter dans cette ville monotone, si ce n'est la statue du fameux écrivain hollandais Erasme, l'église de Saint-Laurent, bâtie en 1475, laquelle renferme les monuments des amiraux Witt et Cortner, et celui du vice-amiral Van-Brakel. Nous entendîmes jouer dans cette même église le fameux orgue qui a 6,500 tuyaux.

Les autres édifices publics sont la Bourse et l'Hôtel-de-Ville, construction fort vaste.

Nous avons visité la collection de tableaux de M. Boymans, riche en ouvrages de l'école hollandaise.

ANVERS.

Nous nous arrêtâmes à Rotterdam un seul jour, après quoi nous partîmes par le vapeur qui nous transporta à Anvers, où nous arrivâmes le 15 septembre, après un agréable trajet de 8 heures sur l'Escaut.

Anvers est une ville forte avec une citadelle, sur la rive droite de l'Escaut. Sa célébrité est méritée, et son commerce, jadis fort étendu, n'est pas aujourd'hui sans importance. Le port d'Anvers, qui peut contenir plus de 2,000 navires de haut bord, entretient un commerce actif avec toutes les parties du monde.

Anvers est fière, et non sans raison, d'avoir donné le jour à des génies immortels tels que Rubens, Van-Dyck, Jordaens, Téniers, etc. Sur la place Verte, on a érigé à la mémoire de Rubens une statue colossale, exécutée par Geefs, d'Anvers.

Il n'est probablement pas en Europe de cité plus riche en magnifiques églises, embellies par les chefs-d'œuvre d'art les plus remarquables, sortis des mains de Rubens, de Van-Dyck et de plusieurs autres grands maîtres de la peinture, tous nés dans cette ville. Nous commencerons par la cathédrale de Notre-Dame. On croit que sa fondation remonte au milieu du XIII⁰ siècle, et que l'on a consacré 90 ans de travail pour l'achever.

Ce qu'un étranger admire tout d'abord, c'est l'architecture de la flèche, construction gothique d'une rare beauté ; elle a 470 pieds de hauteur. L'intérieur de l'église est d'un style simple et imposant. En entrant, du côté de la place Verte, le premier objet qui attire l'attention, est le célèbre tableau la *Descente de Croix*, ce chef-d'œuvre de Rubens. La composition en est toujours admirable, mais il semble qu'aujourd'hui le coloris a perdu de cet éclat particulier qui distingue les œuvres de ce grand maître. Du côté opposé se trouve un autre tableau, l'*Élévation de la Croix*, premier ouvrage de Rubens après son retour d'Italie, et que l'on peut considérer comme une de ses compositions les plus animées. Nous avons encore remarqué deux autres admirables tableaux du même maître, l'*Assomption de la Vierge* et la *Résurrection du Sauveur*. La chaire en bois ciselé, par Werbrugen, est peut-être, comme travail, d'un goût trop bizarre.

L'église de Saint-Augustin et celle des Jésuites, renferment un nombre assez considérable de tableaux que je ne saurais énumérer sans entrer dans des détails qui me mèneraient trop loin.

L'église de Saint-Jacques est un édifice à l'aspect imposant, qui contient une foule d'objets de peinture et de sculpture très-précieux et fort rares. L'intérieur de l'église est orné avec un éclat et avec une pompe vraiment éblouissants.

Le tombeau de Rubens est pourtant le principal objet de l'attention du voyageur, ainsi que le superbe tableau du *Sauveur Crucifié*, par Van-Dyck. La statue de la Vierge en marbre, qui fait l'admiration générale, est de Duquesnoy.

En entrant dans l'église Saint-Paul, la première chose qui attire les regards est une imitation du Calvaire, sur une éminence artificielle élevée contre les murs de l'église, et ornée de statues de saints, d'anges, de patriarches, etc.; au sommet est le Crucifiement, et au bas une grotte où brillent les flammes du Purgatoire dévorant les âmes des réprouvés.

LE MUSÉE.

Le musée, ou académie de peinture, est très-riche en tableaux d'une grande célébrité; ceux de Rubens et de Van-Dyck surtout, donnent beaucoup de valeur à cette collection. Voici les principales œuvres de ces deux maîtres :

1° Une *Pieta*. Le corps mort du Christ posé sur une pierre, couvert de paille, et que la Vierge arrose de ses larmes ;

2° *Jésus-Christ crucifié entre les deux larrons ;*

3° *L'Adoration des Mages.*

Tous ces tableaux, d'un grand prix et d'un mérite inappréciable, sont de Rubens.

Ceux de Van-Dyck sont :

1° *Le Christ mort*, avec la Vierge soutenant le corps sur ses genoux, dans l'attitude de la plus profonde douleur, et Marie Madeleine agenouillée. L'expression de la Vierge excite l'admiration.

2° Le portrait de César Scaglia, un des chefs-d'œuvre de ce génie immortel.

C'est dans la première salle de ce beau musée que nous avons vu, parfaitement conservée dans une armoire vitrée, la chaise de Rubens, président de l'académie de Saint-Luc.

LES DOCKS ET BASSINS.

Ces docks furent construits par Napoléon 1er, qui voulait faire d'Anvers le premier port de mer et le premier arsenal naval du Nord, afin que cette ville pût rivaliser avec Londres sous le rapport du commerce, et avec Portsmouth comme établissement maritime. Tous les travaux qu'il fit exécuter à cet effet coûtèrent 50,000,000 de francs. Les deux bassins, après le traité de paix, furent conservés dans un but purement commercial ; l'un peut contenir 30 vaisseaux de ligne, et l'autre 10. Les docks n'existent plus ; on les a démolis.

Nous visitâmes ensuite la Bourse et l'Hôtel-de-Ville, tous deux curieux spécimens d'architecture, le premier dans le genre mauresque, et le second selon le style italien.

La maison où demeurait et où mourut Rubens, n'a rien de remarquable.

Le Jardin zoologique, construit depuis quelques années, est fort bien distribué et riche en toute espèce d'animaux.

BRUXELLES.

Nous quittâmes Anvers à 11 heures du matin, et le 14 septembre, à une heure, nous arrivâmes à Bruxelles.

Bruxelles est Paris sur une petite échelle; la société y affecte les habitudes et les manières de celle de la capitale de la France. Bruxelles a eu l'insigne honneur d'être comblé d'éloges par les trois plus grands poètes anglais de notre époque, Byron, Walter-Scott et Southey.

Voici les principaux édifices que nous avons visités.

LE MUSÉE.

Dans le vieux palais, aujourd'hui Palais des Beaux-Arts, l'amateur de tableaux rencontre une magnifique collection digne d'étude. Le chiffre des toiles peut s'élever à 300. Dans ce nombre se trouvent les œuvres de quelques maîtres de l'école flamande. Quelques tableaux peints par Rubens, sont les chefs-d'œuvre de cette collection, quoiqu'ils soient inférieurs à ceux d'Anvers.

MUSÉE D'HISTOIRE NATURELLE.

Il est situé au rez-de-chaussée du même édifice, et l'on peut le déclarer le plus complet de la Belgique, riche qu'il est d'une foule de spécimens apportés des colonies hollandaises ou des Indes-Orientales.

MUSÉE AGRAIRE.

Il consiste en une magnifique collection d'instruments et de machines de toute espèce, relatives aux sciences, aux arts et à l'agriculture.

L'HOTEL-DE-VILLE.

Situé sur la Grande-Place, il est, de tous les palais municipaux des Pays-Bas, le plus vaste et le plus brillant par son architecture. La tour est d'un beau travail gothique; elle a 370 pieds de hauteur et date de 1444. Une statue de Saint Michel, en cuivre doré, haute de 17 pieds, est placée au sommet de cette tour.

LE PARC.

Le Parc, situé dans la haute ville, occupe un vaste carré, où l'on trouve des avenues d'arbres, des allées ombragées, embellies par une foule de statues.

Vis-à-vis de ce parc, on aperçoit le palais du roi, qui n'a rien de remarquable, ni au dedans, ni au-dehors.

Les Chambres des Représentants ou Palais de la Nation, que Marie-Thérèse fit construire, sont situées à l'extrémité du Parc et ne renferment rien de frappant, si ce n'est deux tableaux représentant la bataille de Waterloo et celle de Woerigen.

Sur la place Royale, nous avons remarqué avec beaucoup d'intérêt la belle statue équestre en bronze de Godefroy de Bouillon, érigée en 1848.

ÉGLISE DE SAINTE-GUDULE.

Cette église cathédrale est un superbe édifice gothique. L'intérieur, quoique d'une architecture simple, est vraiment imposant. Ce que nous avons particulièrement admiré, ce sont les vitraux donnés à l'église, à différentes époques, par plusieurs souverains et plusieurs princes dont on voit les portraits. Les douze statues des Apôtres, par Duquesnoy, et surtout la Chaire en bois sculpté, chef-d'œuvre de Werbrugen, représentant Adam et Eve chassés du Paradis, sont des objets d'art tout à fait intéressants.

Dans la chapelle de la Vierge, se trouve une statue par Geefs du Comte de Merode, martyr de la révolution de 1830.

ÉGLISE DE NOTRE-DAME.

Cette église est assez belle, et renferme un tableau par Crayer, représentant Jésus apparaissant à Marie, et quelques fresques par Van-Eycken; enfin le tombeau du peintre Breughel.

Parmi les demeures particulières qui se recommandent à l'attention du voyageur, je dois citer le palais d'Arengberg. Il est meublé avec beaucoup de goût et de luxe, et renferme une galerie de tableaux peu considérable, mais choisie, riche surtout en œuvres des maitres des écoles flamandes et hollandaises.

Ce palais, ainsi que ses beaux jardins, peuvent être visités pendant l'absence de la famille. Nous avons également parcouru le musée d'armures situé à la porte de Hal; l'on y trouve une assez riche collection d'armes et d'armures fort intéressante.

Le théâtre de la Monnaie, sur la place du même nom, incendié il y a deux ans, était presque achevé lors de notre séjour à Bruxelles. Il promet d'être magnifique, tant à l'intérieur qu'à l'extérieur. Le Jardin botanique et le Jardin zoologique, quoique ce dernier soit d'une construction assez récente, méritent d'être visités; tous deux, chacun dans son genre, sont riches et bien organisés.

Les principales promenades sont les Boulevards, l'allée Verte, et Lacken, avec son château royal, d'où l'on jouit d'une fort belle vue de la ville entière de Bruxelles.

La Montagne de la Cour, la rue de la Madeleine et la galerie Saint-Hubert, sous le rapport de la beauté des magasins, peuvent rivaliser avec les beaux quartiers de Paris.

WATERLOO.

A quatre lieues de Bruxelles, s'étend la plaine de Waterloo, que nous nous gardâmes bien d'oublier de visiter.

Il n'y a vraiment rien de bien remarquable, si ce n'est le lieu où se livra la sanglante bataille qui mit fin à la carrière victorieuse et politique de Napoléon Ier.

Le château d'Hougoumont, à peu de distance de Waterloo et du mont Saint-Jean, est le point le plus intéressant de ce lieu mémorable, non seulement comme le siége de la bataille, mais parce qu'il offre encore des traces de cette terrible lutte. Pour rappeler le souvenir de ce combat de géants, on a élévé depuis, au milieu de cette plaine, un superbe monument représentant un lion en bronze.

Entre la Belle-Alliance et la Haye-Sainte, on remarque deux monuments érigés l'un à la mémoire de sir A. Gordon, et l'autre aux officiers de la légion allemande qui se distinguèrent à cette bataille. Huit heures nous suffiront pour aller visiter cet endroit tristement célèbre et retourner à Bruxelles.

PARIS.

Après un séjour de dix jours dans la capitale de la Belgique, nous songeâmes à la quitter, et le 24 septembre, à six heures du soir, nous partîmes pour Paris, où nous arrivâmes le lendemain à cinq heures.

Parmi les nombreux édifices et les innombrables monuments en tout genre qui font de Paris une ville modèle, voici ceux que j'ai visités.

LA CATHÉDRALE OU ÉGLISE DE NOTRE-DAME.

L'intérieur de ce gigantesque édifice est grandiose ; il présente une nef, un chœur et un double rang de bas-côtés séparés par 120 gros piliers qui supportent la voûte. L'extérieur correspond parfaitement à l'intérieur. Son sommet présente deux tours carrées parfaitement semblables. On remarque dans cette église des morceaux de sculpture en marbre qui sont des chefs-d'œuvre, et un orgue magnifique Quant à l'antiquité de cette cathédrale, elle est très-reculée, puisqu'on en fait remonter la construction au ıv^e siècle.

HOTEL-DE-VILLE.

Ce majestueux édifice est la résidence du Préfet de la Seine. La construction en remonte à l'année 1533, d'après les plans de l'architecte italien Boccardo, et fut achevée en 1605, sous le règne de Henri IV.

Les appartements de réception sont décorés avec un luxe et une magnificence extraordinaires, qui ont encore été dépassés depuis le règne de Napoléon III. Une statue représentant Henri IV à cheval est placée à l'entrée principale.

L'horloge, par Jean Lepaute, posée en 1784, est éclairée la nuit.

PALAIS DU LOUVRE.

Ce palais colossal est d'une merveilleuse beauté; il renferme plusieurs musées que l'on distingue sous les noms suivants :

1° Musée des tableaux des écoles italienne, flamande et française ;

2° Musée des tableaux de l'école espagnole ;

3° Musée des dessins ;

4° Musée des antiques ;

5° Musées grec et égyptien ;

6° Musée naval ;

7° Musée Standish ;

8° Et enfin Musée de la sculpture moderne et de la renaissance.

MUSÉE DES ÉCOLES ITALIENNE, FRANÇAISE ET ESPAGNOLE.

Cette collection renferme un nombre considérable de tableaux de grandes dimensions de ces trois écoles ; le nombre en est d'environ 1,400. Cette collection fut principalement formée et enrichie par Napoléon Ier, et elle passe avec raison pour une des plus belles du monde.

MUSÉE DES TABLEAUX DE L'ÉCOLE ESPAGNOLE.

C'est une des plus précieuses acquisitions faites par le gouvernement à l'avantage du pays. Cette collection fut acquise en Espagne par le baron Taylor, d'après les ordres de Louis-Philippe ; elle a coûté près d'un million de francs, et tous les tableaux ont été exécutés par les meilleurs maîtres de l'Espagne.

MUSÉE DES DESSINS.

Cette galerie renferme de nombreux spécimens des œuvres des grands maîtres de toutes les écoles.

MUSÉE DES ANTIQUES.

Ce musée contient un nombre considérable de belles statues, des bustes, des bas-reliefs, des candélabres, des autels, etc.

MUSÉES GREC ET ÉGYPTIEN.

Cette admirable collection d'antiquités égyptiennes, grecques et romaines, occupe neuf pièces au premier étage.

MUSÉE NAVAL.

Ce musée contient des modèles de navires de tout genre, ainsi que toutes les machines dont on fait usage à bord des vaisseaux, des plans en relief de plusieurs places et arsenaux maritimes de France.

GALERIE STANDISH.

Cette galerie renferme plus de 300 tableaux des meilleurs maîtres français, italiens, flamands et espagnols. Elle fut donnée au roi Louis-Philippe, en 1841, par un lord dont la galerie porte le nom.

MUSÉE DE LA SCULPTURE MODERNE ET DE LA RENAISSANCE.

Ce musée contient un nombre de statues des plus habiles sculpteurs.

PALAIS DES TUILERIES.

Ce beau et majestueux palais est la résidence de l'Empereur. Il attire l'attention par son magnifique jardin resplendissant de statues, de vases et de fontaines en marbre.

Les fondations de ce palais furent jetées en 1564, par Catherine de Médicis, et ensuite il fut embelli et agrandi sous le règne de Louis XIII et sous celui de Henri IV. Il était réservé à Napoléon III d'achever en quatre ans ce merveilleux palais, et de le faire avec un ensemble, une harmonie qui excitent l'admiration générale.

8.

COUR DES TUILERIES.

Elle fut surtout créée par Napoléon Ier, qui avait l'habitude d'y passer ses troupes en revue. C'est encore là que chaque matin, au son d'une musique militaire, a lieu l'inspection des troupes qui montent la garde aux Tuileries. Cette cour peut contenir plus de 20,000 hommes.

ARC DE TRIOMPHE DE L'ÉTOILE.

Ce monument splendide et imposant, fut commencé en 1806, sous l'inspiration de Napoléon. Les événements de 1816 en firent suspendre lès travaux, qu'on reprit en 1823 et qui se continuèrent jusqu'en 1836, époque où ce monument admirable fut achevé.

Il a 133 pieds de hauteur sur 138 de long, et il est orné de bas-reliefs représentant les nombreuses victoires de Napoléon.

CORPS LÉGISLATIF.

Le palais Bourbon, aujourd'hui palais du corps législatif, est situé sur la rive gauche de la Seine, en face le pont de la Concorde.

Ce palais, au moment de la grande révolution, appartenait au prince de Condé. C'est là qu'aujourd'hui l'assemblée législative tient ses séances. Quatre belles statues colossales en ornent la façade : ce sont celles de Mirabeau, de Casimir Périer, de Bailly et du général Foy.

PALAIS DE LA LÉGION-D'HONNEUR.

Ce superbe édifice fut construit en 1786, pour le prince de Salm. Après la mort de ce prince, le gouvernement en fit l'acquisition, en 1803, et lors de la création de la Légion-d'Honneur, on choisit ce palais pour l'inauguration. Les appartements en sont décorés avec élégance ; le grand salon est formé d'une rotonde devant laquelle règne un jardin en terrasse sur le quai.

HOTEL DES INVALIDES.

Cet hôtel fut commencé sous le règne de Louis XIV, en
1670, et sert de retraite à tous les militaires qui ont plus de
trente ans de service ou qui sont hors d'état de continuer la
carrière militaire.

Cet hôtel peut contenir 7,000 invalides; mais le nombre
ordinaire est de 3,000. La propreté qui règne dans ce noble
édifice est vraiment fort remarquable. On y trouve deux églises : l'une n'attire l'attention que par des arcades soutenues
par des pilastres corynthiens surmontés d'une corniche au-
dessus de laquelle une file de croisées laissent tomber une
abondante clarté sur les nombreux étendards enlevés à l'ennemi et suspendus à la voûte de la nef. Ces drapeaux sont des
trophées des guerres de la Révolution et de l'Empire.

Les tombeaux de plusieurs généraux et maréchaux célèbres
se voient aussi dans cette église et excitent l'admiration.

La seconde église, dite le Dôme est, tant à l'intérieur qu'à
l'extérieur, un chef-d'œuvre d'architecture. Elle se fait surtout
remarquer par la chapelle de Saint-Jérôme, où reposent les
restes de Napoléon. Viennent ensuite les tombeaux de Vauban
et de Turenne.

La bibliothèque appartenant à cet hôtel, fut fondée par
Napoléon Ier ; elle compte environ 30,000 volumes et possède
deux magnifiques tableaux, l'un représentant Napoléon passant le grand Saint-Bernard, et l'autre, Louis-Philippe.

LE CHAMP DE MARS.

Le Champ de Mars sert à présent aux manœuvres des régi-
ments et aux grandes revues militaires que se déterminent à
y passer l'empereur ou ses généraux.

Il est encore affecté aux courses de chevaux qui ont lieu en
mai et en septembre. Tout près de là se trouve l'École Militaire,
fondée en 1752, pour la réception des jeunes gens nobles,
dont les pères étaient morts au service de l'état. On la sup-
prima en 1787. C'est aujourd'hui une caserne militaire.

PALAIS DU LUXEMBOURG.

Ce palais fut construit en 1615, par Marie de Médicis, et a été bâti sur le modèle du palais Pitti, à Florence, cette noble résidence du Grand-Duc de Toscane; ce palais se distingue par la beauté de ses proportions, sa parfaite symétrie et sa solidité. Sous la restauration, ce palais était le siège de la chambre des pairs ; aujourd'hui le sénat y tient ses séances.

Tout le monde sait que le jardin en est magnifique. Le superbe escalier d'entrée, le salon d'Hercule, le salon de la réunion, des séances, avec sa distribution en amphithéâtre pour les membres du sénat, la salle du trône, la bibliothèque, un salon orné de panneaux peints par Rubens, une galerie émaillée de sculptures et de tableaux, l'observatoire, voilà les principales curiosités que tout étranger ne peut se dispenser d'admirer.

LE PALAIS DE L'INSTITUT.

Ce palais est une création du premier consul Bonaparte. La façade sur le quai présente, au centre, un pavillon avec un péristyle en colonnes, par lequel on entre dans la salle des séances publiques, salle circulaire, éclairée par la voûte. La porte du côté oriental de la cour, conduit à la bibliothèque Mazarine, qui renferme 120,000 volumes et 4,500 manuscrits.

PALAIS DES BEAUX-ARTS.

Le terrain de ce palais, avant la révolution de 1789, était occupé par un couvent de moines, dont les bâtiments servirent, après la révolution, à former un Musée des monuments français. Le principal point d'attraction est l'amphithéâtre, dont le dôme est embelli par une magnifique peinture du célèbre Paul Delaroche, qui consacra trois ans et demi à l'achever.

Les visiteurs n'oublient pas de visiter la chapelle de l'ancien couvent, à cause de ses belles fresques.

HOTEL DES MONNAIES.

La première pierre de ce bâtiment fut posée le 30 août 1771, par l'abbé Terray, contrôleur-général des finances.

Par la beauté de sa situation et par la régularité imposante de son architecture ; c'est un des plus beaux édifices de Paris.

La principale façade, sur le quai, a 360 pieds de long sur 78 de hauteur. C'est dans cet hôtel que l'on fabrique la plus grande partie des monnaies françaises.

Dans le même corps de bâtiment se trouve la galerie des médailles, à partir de François Ier jusqu'à nos jours. Le tout forme une collection sans rivale dans le monde.

MUSÉE DES THERMES.

On présume que ce palais fut construit par Constance Chlore, grand-père de Julien l'Apostat, en 292.

Tout ce qui reste de ce monument ancien, c'est une vaste salle composée de deux parallélogrammes contigus. Le dernier propriétaire, M. de Sommerard, en avait fait un musée, et en permettait la visite aux amateurs. Après sa mort, sa collection et l'hôtel même furent achetés par l'état qui, le 29 juillet 1843, en forma définitivement un musée d'antiquités nationales, où l'on trouve des morceaux d'architecture et de sculpture d'un haut intérêt, outre une quantité d'objets en tout genre qui donnent une juste idée du goût du moyen-age.

LE PANTHÉON.

Le Panthéon, rendu au culte depuis quelque temps, peut être rangé parmi les plus beaux monuments de Paris. Il est destiné à recevoir les tombeaux des hommes célèbres ; c'est là que sont enterrés Voltaire, Rousseau et une foule d'autres personnages d'un génie supérieur. Sur la plinthe on lit l'inscription suivante : « *Aux grands hommes la patrie reconnaissante.* »

LE JARDIN DES PLANTES.

Ce jardin fut commencé en 1636, par Guy Delabrosse, à qui Louis XIII accorda les fonds nécessaires pour y établir la culture de toutes les plantes.

Tournefort, Sébastien, Le Vaillant, Bernard de Jussieu et Dufoy, concoururent à l'envi à la prospérité de ce bel établissement ; mais celui que l'on peut considérer comme le véritable fondateur, c'est l'immortel Buffon. Cet établissement est sans rival dans le monde entier, comme centre de science où les gouvernements envoient sans cesse le tribut de leurs recherches et de leurs explorations.

A ce jardin se rattachent une superbe salle d'anatomie, un jardin zoologique, le plus riche, le plus complet et le mieux organisé de l'Europe ; d'immenses collections de minéraux, d'animaux empaillés ; un cabinet d'anatomie comparée, une vaste bibliothèque, des laboratoires et un admirable amphithéâtre.

C'est dans ce même jardin que l'on remarque un cèdre du Liban rapporté d'Angleterre par Bernard de Jussieu, en 1734. Cet arbre est aujourd'hui le plus grand que contienne ce jardin.

BIBLIOTHÈQUE ROYALE.

Cette bibliothèque est située rue de Richelieu ; sa fondation remonte à 1360, sous le règne du roi Jean. Sous son fils Charles V, elle ne se composait encore que de 900 volumes, et maintenant c'est la plus vaste collection scientifique du monde puisqu'elle contient plus de 1,400,000 volumes, de 100,000 manuscrits, de 400,000 médailles, de 1,040,000 gravures, de 300,000 cartes et plus.

Chaque auteur est obligé de déposer gratis un exemplaire de son ouvrage, au moment de sa publication.

LA BOURSE.

Cet édifice, commencé par Napoléon I⁻ et achevé en 1826, est un des plus magnifiques de l'Europe en son genre, et il n'y a guère que la bourse de Londres qui puisse rivaliser avec lui.

La grande salle de la bourse est au rez-de-chaussée, au centre de l'édifice ; elle peut contenir 2,000 personnes. Ce monument sert à la fois aux affaires de bourse, de marchandises et au tribunal de commerce.

PORTE SAINT-DENIS.

La ville de Paris fit ériger cet arc-de-triomphe sur l'emplacement de l'ancienne porte Saint-Denis, en souvenir des grandes victoires de Louis XIV, qui, dans le court espace de deux mois, avait conquis trente villes et trois provinces qu'il réunit à la couronne de France.

PORTE SAINT-MARTIN.

Située sur le boulevard du même nom, on l'érigea en 1674. Les bas-reliefs de cette porte représentent plusieurs des victoires de Louis XIV, telles que la prise de Besançon, celle de Limbourg et la défaite des allemands.

COLONNE DE JUILLET.

Cette colonne, surmontée d'une statue, s'élève sur la place où existait autrefois une prison d'état, connue dans l'histoire sous le nom de Bastille, et qui fut démolie en 1788.

La hauteur totale de ce monument est de 164 pieds, le poids du métal employé dépasse 164,000 livres. Les dépenses s'élevèrent à 1,200,000 francs.

COLONNE VENDOME.

La colonne de la place Vendôme, toute en bronze, fut érigée en 1806, par ordre de Napoléon, en commémoration des victoires de la grande armée en Allemagne, pendant la campagne commencée l'année précédente. Le piédestal est couvert de bas-reliefs représentant toutes les victoires des soldats français. Cette colonne a été fondue avec 1,200 canons enlevés aux armées russes et autrichiennes.

Cette colonne a 135 pieds de haut sur 12 de diamètre et se trouve surmontée d'une statue en bronze de Napoléon. Tout ce monument si grandiose a coûté 1,500,000 francs.

ÉGLISE DE LA MADELEINE.

Louis XV ordonna la construction de cet édifice, dont la première pierre fut posée en 1765 et qui ne fut terminé que sous Louis-Philippe. Cette église, d'une admirable façade, est entourée par cinquante-deux colonnes corinthiennes. C'est Napoléon Ier qui voulait transformer cet édifice en un temple de la Gloire dédié à son armée.

L'intérieur de cette église est d'une ornementation magnifique, que rehaussent encore des dorures, des tableaux et de belles sculptures.

ÉGLISE SAINT-ROCH.

Cette église est devenue célèbre par les scènes politiques dont elle fut le théâtre ; c'est aussi de là qu'en 1793, Marie-Antoinette fut conduite à l'échafaud. C'est devant cette église que Bonaparte braqua ses canons pour faire son 18 brumaire.

Cette église renferme les cendres du grand Corneille.

ÉGLISE SAINT-EUSTACHE.

Cette église est une des plus grandes et des plus belles de Paris. Elle fut commencée en 1532, et ne fut achevée qu'en 1642.

NOTRE-DAME-DE-LORETTE.

Cette église fut commencée en 1823 et terminée en 1837. L'intérieur est remarquable par sa magnifique décoration. J'ai, du reste, observé que le luxe y est tellement prodigué qu'il contraste avec la simplicité évangélique.

CIMETIÈRE DU PÈRE LACHAISE.

Ce cimetière, situé à l'extrémité orientale de Paris, au-delà des boulevards, est le plus vaste et le plus beau de la capitale. Le terrain, dans une situation charmante, se distingue par un mélange de collines, de plaines et de vallées, ce qui lui donne un aspect fort pittoresque. Le premier enterrement y eut lieu le 21 mai 1804, et depuis cette époque, plus de 110,000 personnes y ont été déposées. Une foule de tombeaux se distinguent par la beauté de leur architecture, et renferment les restes d'hommes de génie en tout genre. Le monument le plus intéressant est, à mon avis, le tombeau *d'Héloïse et d'Abeillard*. Le nombre des tombes peut s'élever à 15,000, et les sommes dépensées pour leur érection dépasse 100,000,000 de francs.

PLACE DE LA CONCORDE.

Cette place, qu'on appela d'abord place Louis XV, est la mieux située de toutes les places parisiennes; aussi offre-t-elle de magnifiques points de vue. Un luxe merveilleux de fontaines et de statues y répand la beauté et la grâce. Au centre s'élève l'obélisque de Luxor, en granit, témoignage de l'antique splendeur de l'Egypte. C'est une des deux colonnes qui se trouvaient à la porte du temple de Thèbes (la moderne Luxor), où elle fut érigée 1550 ans avant la naissance du Christ, et d'où on la transporta à Paris à des frais énormes. Elle est formée d'un seul bloc; sa hauteur est de 72 pieds: elle est recouverte d'hyéroglyphes de la base au sommet. C'est sur cette place que fut décapité Louis XVI.

Aux angles de cette place on voit de belles statues représentant les principales villes de France. Des colonnes rostrales et de riches candélabres éclairant au gaz, ajoutent encore à la beauté et à l'éclat de la place de la Concorde qui, complètement terminée en 1840, sous Louis-Philippe, n'a point son égale en Europe.

CHAMPS ÉLYSÉES.

Ces promenades sont les plus fréquentées et les plus attrayantes de Paris; elles s'étendent depuis la place de la Concorde jusqu'à l'arc-de-Triomphe de l'Etoile. Les équipages, les amazones et les cavaliers circulent sans cesse dans cette longue et majestueuse avenue, dont les allées parallèles, bordées d'arbres touffus, sont toute la journée sillonnées de promeneurs. C'est surtout le soir que l'éclairage au gaz produit un effet magique dans ces délicieuses promenades. De nombreux et brillants cafés chantants y attirent à la nuit une foule nombreuse.

Le bois de Boulogne est situé à peu de distance des Champs-Elysées, au-delà de la barrière de l'Etoile. C'est dans ce bois que se rendent, presque tous les jours, dans de riches équipages, les hautes classes de la société parisienne. Plusieurs maisons de plaisance s'y distinguent par leur grâce.

LES BOULEVARDS.

C'est une suite de magnifiques avenues qui présentent aux yeux de l'étranger un coup-d'œil vraiment enchanteur, où l'on trouve de brillantes boutiques et de charmants magasins en nombre infini. Les passages ou galeries vitrées sont fort multipliées à Paris, et se distinguent aussi par le goût et le luxe de ses magasins. Les passages les plus remarquables sont celui des Panoramas, la galerie Vivienne, la galerie Colbert et le passage Choiseul.

PALAIS ROYAL.

Ce palais est le rendez-vous de toutes les classes de la société, c'est le centre de Paris, le palais de la mode. Les magasins qui entourent le jardin offrent à profusion tout ce que le luxe et la vanité peuvent souhaiter. Le jardin de ce palais est orné de différentes statues et d'un superbe bassin.

THÉATRES.

Paris est de toutes les capitales de l'Europe la plus riche en théâtres ; le nombre s'en élève jusqu'à 30 , qui se distinguent presque tous par des salles décorées avec beaucoup de goût et d'élégance, mais surtout ceux du Grand-Opéra , des Italiens, du Théâtre-Français et de l'Opéra-Comique. Ces quatre sont les plus recherchés des classes aristocratiques de Paris.

Je n'entrerai pas dans de plus longs détails , car il faudrait de nombreuses pages pour énumérer tout convenablement et donner à chaque objet le cachet qui lui est propre.

STRASBOURG.

Nous quittâmes Paris apres une résidence d'un mois, et nous nous rendîmes à Strasbourg où nous arrivâmes le 3 novembre.

Dans le principe, cette ville faisait partie de l'empire germanique, auquel Louis XIV l'enleva en 1681, au milieu d'une paix profonde. Cette ville est très-fortifiée et renferme 70,000 habitants , avec une garnison de 6,000 hommes en temps de paix.

Elle est située sur l'Ill, qui traverse la ville dans plusieurs directions, sous forme de canaux. Strasbourg est l'*Argentoratum* des Romains. Dans l'origine, Strasbourg fut toujours une ville fortifiée, et surtout du temps des Romains. Depuis, ses fortifications ont été considérablement augmentées, surtout par le génie du fameux Vauban qui, en 1782 , y ajouta une citadelle dont les ouvrages s'étendent jusqu'aux rives du Rhin, et font de Strasbourg une des plus fortes places de France. Quoique cette ville appartienne à la France depuis 175 ans, elle n'en a pas moins conservé toute la physionomie d'une ville d'Allemagne pour tout ce qui se rattache aux rues, aux maisons et aux habitants.

Le principal édifice de Strasbourg et le plus intéressant, c'est la cathédrale ou *Münster*, un des plus beaux édifices gothiques de l'Europe, remarquable par sa flèche, qui a 468 pieds de hauteur, et qui n'est surpassée que de 25 pieds par la plus grande pyramide d'Egypte.

L'artiste qui dessina cet admirable chef-d'œuvre fut Erwin de Steinbach. L'intérieur de cette église est d'un style simple, quoique l'aspect en soit plein de grandeur et de majesté. Commencée en 1015, elle fut achevée en 1275.

Ce qui attire surtout l'attention, c'est la fameuse horloge, dans le transept du sud, réparée depuis peu par un artiste éminent de Strasbourg (Schffiilgué) (1). Afin de mieux en observer l'ingénieux mécanisme, on doit s'y trouver au moment où midi va sonner. Au même instant la figure de la mort sonne l'heure, les douze Apôtres passent successivement devant le spectateur, et un gros coq perché près du sommet du cadran chante trois fois. A la gauche se voit une petite statue en pierre représentant l'architecte Erwin de Steinbach, en contemplation devant son propre ouvrage.

ÉGLISE DE SAINT-THOMAS.

Cette église, consacrée au culte protestant, contient le magnifique tombeau du maréchal de Saxe, exécuté en marbre par Pigalle, et érigé à la mémoire du maréchal par Louis XV.

Le monument représente le héros descendant avec calme au tombeau, tandis que la France, personnifiée sous les traits d'une belle femme, s'efforce de le retenir et en même temps d'arrêter l'approche menaçante de la mort.

LA BIBLIOTHÈQUE PUBLIQUE.

Elle renferme plus de 100,000 volumes, et possède une collection de monnaies anciennes qui se rattachent à l'histoire du pays.

(1) Il vient de mourir vers la fin de décembre 1856.

Parmi les principales curiosités littéraires , on trouve le Missel de Lemberg , de Herrade, abbesse de Hohenberg , richement illustré; il porte la date de 1180. Un Cicéron imprimé par Faust, en 1465, etc

Sur la place Guttenberg s'élève une magnifique statue en bronze en l'honneur de Jean Guttenberg, qui fut le premier inventeur de l'imprimerie.

Le corps du fameux général Kléber, natif de Strasbourg , était dans le principe enterré dans la cathédrale; depuis on l'a transféré sous une voûte, au centre de la place d'Armes , au-dessous de laquelle a été érigée une magnifique statue en bronze représentant l'image du héros , de grandeur naturelle, avec toute sa mâle énergie.

L'ACADÉMIE ROYALE.

Cette Académie fut élevée à la dignité d'Université en 1621; elle a produit plusieurs savants remarquables , entre autres Schœpflin , Oberlin et Schweighaüser. C'est à cette Université que nous nous rendions chaque jour , pendant quatre mois, pour y suivre les cours de physique, de chimie et de philosophie. Cette Académie possède un Musée d'histoire naturelle que je regarde comme bien supérieur à la plupart des collections de ce genre qui existent en France dans les villes de province.

LE THÉATRE.

Le théâtre , situé près de la place Broglie , nom d'un gouverneur de l'Alsace, est un vaste édifice qui pourrait figurer dans une grande capitale.

Notre séjour à Strasbourg devait se prolonger jusqu'au mois de mai , mais malheureusement mon frère bien-aimé étant tombé dangereusement malade vers la fin de février , nous fûmes obligés de quitter cette ville pour retourner à Malte , où nous arrivâmes le 30 mars 1856.

FIN.

TABLE.

—

FIN DE LA TABLE.

Marseille. — Typ. Vᵉ Marius Olive, rue Mazade, 28.